十·大·科·学·家·丛·书·

十大数学家

周文斌 主编

傅钟鹏 著

广西科学技术出版社

图书在版编目（CIP）数据

十大数学家 / 傅钟鹏著. —南宁：广西科学技术出版社，
2012.5（2020.6重印）

（少年科学文库. 十大科学家丛书）

ISBN 978-7-80619-121-7

Ⅰ. ①十… Ⅱ. ①傅… Ⅲ. ①数学家—生平事迹—世
界—少年读物 Ⅳ. ① K816.11-49

中国版本图书馆 CIP 数据核字（2012）第 117111 号

十大科学家丛书
SHI DA SHUXUEJIA
十大数学家

傅钟鹏　著

责任编辑	池庆松	封面设计	寒林设计工作室
责任校对	黄博威	责任印制	韦文印

出 版 人　卢培钊

出版发行　广西科学技术出版社

　　　　　（南宁市东葛路66号　邮政编码530023）

印　　刷　永清县晔盛亚胶印有限公司

　　　　　（永清县工业区大良村西部　邮政编码065600）

开　　本　700mm×950mm　1/16

印　　张　14

字　　数　128千字

版次印次　2020年6月第1版第6次

书　　号　ISBN 978-7-80619-121-7

定　　价　30.00元

少年科学文库

《十大科学家丛书》

选题策划：黄　健
主编：周文斌

代序　致二十一世纪的主人

钱三强

　　时代的航船将很快进入 21 世纪，世纪之交，对我们中华民族的前途命运，是个关键的历史时期。现在 10 岁左右的少年儿童，到那时就是驾驭航船的主人，他们肩负着特殊的历史使命。为此，我们现在的成年人都应多为他们着想，为把他们造就成 21 世纪的优秀人才多尽一份心，多出一份力。人才成长，除了主观因素外，在客观上也需要各种物质的和精神的条件，其中，能否源源不断地为他们提供优质图书，对于少年儿童，在某种意义上说，是一个关键性条件。经验告诉人们，往往一本好书可以造就一个人，而一本坏书则可以毁掉一个人。我几乎天天盼着出版界利用社会主义的出版阵地，为我们 21 世纪的主人多出好书。广西科学技术出版社在这方面作出了令人欣喜的贡献。他们特邀我国科普创作界的一批著名科普作家，编辑出版了大型系列化自然科学普及读物——《少年科学文库》。《文库》分"科学知识"、"科技发展史"和"科学文艺"三大类，约计 100 种。《文库》除反映基础学科的知识外，还深入浅出地全面介绍当今世界最新的科学技术成就，充分体现了 90 年代科技发展的前沿水平。现在科普读物已有不少，而《文库》这批读物特有魅力，主要表现在观点新、题材新、角度新和手法新、内容丰富、覆盖面广、插图精美、形式活泼、语言流畅、通俗易懂，富于科学性、可读性、趣味性。因此，说《文库》是开启科技知识宝库的钥匙，缔造 21 世纪人才的摇篮，并不夸张。《文库》将成为中国少年朋友增长知识、发展智慧、促进成才的亲密朋友。

亲爱的少年朋友们，当你们走上工作岗位的时候，呈现在你们面前的将是一个繁花似锦的、具有高度文明的时代，也是科学技术高度发达的崭新时代。现代科学技术发展速度之快、规模之大、对人类社会的生产和生活产生影响之深，都是过去无法比拟的。我们的少年朋友，要想胜任驾驶时代航船，就必须从现在起努力学习科学，增长知识，扩大眼界，认识社会和自然发展的客观规律，为建设有中国特色的社会主义而艰苦奋斗。

我真诚地相信，在这方面，《少年科学文库》将会对你们提供十分有益的帮助，同时我衷心地希望，你们一定为当好 21 世纪的主人，知难而进、锲而不舍，从书本、从实践汲取现代科学知识的营养，使自己的视野更开阔、思想更活跃、思路更敏捷，更加聪明能干，将来成长为杰出的人才和科学巨匠，为中华民族的科学技术实现划时代的崛起，为中国迈入世界科技先进强国之林而奋斗。

亲爱的少年朋友，祝愿你们奔向 21 世纪的航程充满闪光的成功之标。

前　言

　　《十大科学家丛书》是《少年科学文库》中的科学家系列图书，在这套内容丰富、规模庞大的文库里，为什么要给科学家的故事留下重要的一个席位呢？只要看一看当前的书刊市场，我们便不难找到这个问题的答案。

　　如果你是一位家长，如果你有一个上中小学的孩子，如果你的孩子陷入了"追星族"、"发烧友"的狂热之中，而你又想改变孩子的兴趣和注意力，使孩子树立正确的人生观和价值观，那么你一定想带孩子到书市去转一转，为他（或她）选购几本具有正确价值取向、能鼓励人们奋发向上的课外读物。这时候，你也许会感到失望和沮丧。你会发现适合青少年阅读的这类图书实在太少太少。

　　在社会上的各类人群中，科学家是最应受到尊敬的人群之一。他们的力量最大，能改变人们的观念，改变生产和生活方式，改变整个社会面貌；他们的奉献精神最强，是他们把知识和智慧酿造成甘霖，洒向全世界，造福全人类；他们的思想境界最高，对自然规律的刻苦探索和深邃了解，是他们毕生的追求。今天，我们每一个人无不在享用着科学的恩惠，我们没有理由不去歌颂科学家的功德，没有理由不使科学家成为我们和我们的后代所崇敬和学习的榜样，没有理由不引导我们的青少年去追寻科学家的脚迹，发扬他们的精神，继承他们的事业。正是出于这种考虑，我们的科普作家和出版家们才对《十大科学家丛书》的写作和出版投入了极大的热情。

全套丛书共分 10 册，较为系统地介绍了 100 名科学家的生平事迹和主要成就。他们都是世界或我们国内一流的科学家和发明家。他们的名字已被永远镌刻在人类科技发展史上。一切有兴趣阅读这套丛书的青少年，一定会从中获取力量，获取智慧，获取热情，获取对未来的新向往，惟有这一点，才是作者和编者的共同愿望。

周文斌

目　录

欧几里得——数学界的一代宗师

世俗上浮光掠影的东西终究会过去，但是，星罗棋布的天体图案却是永恒地岿然不动。

——欧几里得——

进入柏拉图学园

提到数学，人们总要追溯到古希腊时代。

在世界上许多文明古国中，古希腊占据很重要的位置。希腊人在文化方面的发展以及在科学技术方面惊人的创造力为人类增添不少光彩，特别是数学这门学科，他们曾经为它的进步耗费大量心血，做出了卓著的贡献。

古希腊的地理范围很大，除了现在的希腊半岛之外，还包括整个爱琴海区域和北面的马其顿，并且含有意大利半岛等地。雅典是古希腊的政治、文化、哲学、艺术、文学、科学的中心城市，又是经济、贸易活动和交通枢纽，繁华发达，堪称一时之盛。

教育是一切学科向前推进必不可少的手段，创办讲习所教书育人自然就是培养人才的一种常见形式了。

却说在公元前3世纪至6世纪间，正是古希腊文化的鼎盛时期，在

为数众多的各种讲习所之中，"柏拉图学园"最负盛名。柏拉图（公元前427—公元前347）是著名哲学家苏格拉底（公元前469—公元前399）的弟子，他早年游历很广，访问过埃及和意大利南部，并曾和热心数学的毕达哥拉斯学派的成员接触过，引起他对数学的兴趣，因此他的哲学内容有相当大一部分是反映数学思想和方法的，被称为"数学的哲学"。

柏拉图定居雅典，在城郊的一处树林中创办一所学园（世人称为

"柏拉图学园")。由于他本人学识渊博、行为高尚，深受各界人士崇敬和爱戴，一时认为他是道德智能极高的圣人，所以慕名去学园拜师的人络绎不绝。

为了使学生们绝不怀疑他对数学的重视，柏拉图在学园的门口挂一块牌，上面写着："不懂几何者不得入内！"就这样，绝大部分的求学者到了门口就只好自惭而退。

柏拉图去世后，他的传人继承他的办学宗旨，自成一派，后人称为柏拉图学派。

在求知心切的青年当中，有一人名叫欧几里得（约公元前330—公元前275），与其他同辈人一样，对"几何"一词是陌生的。但是，为了跻身柏拉图学派的学人之列，以便获取更多的知识，他决心潜心求索，终于初步探明，原来所谓几何就是研究形状和数量的学问，早在几百年前就有毕达哥拉斯（约公元前570—公元前500）致力于这方面的工作，曾经发现直角三角形的三边关系规律。欧几里得进一步了解到，先辈们还应用几何理论成功地测量出金字塔高度。

欧几里得接着对柏拉图本人的数学思想做了深入探究，得知柏拉图认为打开宇宙之谜的钥匙是数和形，对他来说，神不断在绘制几何图形，因此在研究哲学之前首先必须研究几何学。在这方面，柏拉图极为强调几何的严谨性，他鉴于毕达哥拉斯学派在其对点、线等的下定义工作上遇到困难，就着手去澄清这些基础本质，例如他曾提出"点是线之端，线是面之界"等。柏拉图学派的成员有许多杰出的几何学家，如攸多克萨斯（约公元前408—公元前355）曾发现"黄金分割"（将已知线段分为两部分，使其中一部分是全线段与另一部分的比例中项）等。

初步掌握了几何，欧几里得这才具备入学条件，他终于进入柏拉图学园。

千古一奇书

古希腊历经战乱。公元前 332 年，亚历山大大帝侵吞了埃及，便在尼罗河畔建立一座新城——亚历山大里亚城。九年后，亚历山大大帝去世，将领间发生内讧，纷纷割据国土，埃及落到托勒密手中，亚历山大里亚被定为国都。

亚历山大里亚本来就是东西海陆交通枢纽，文化、经济交流频繁，现在有了托勒密这样一位精明强干的国王，得到他的精心经营之后，很快便成为一座文化名城。这个城市可算是天灵地杰，这儿藏龙卧虎，真是个人才荟萃、群英云集的圣城；又有宏伟完善的博物馆、图书馆，蕴藏着古代东方和希腊的优秀文化。

一座文明城市是离不开教育机构的，遍布整个亚历山大里亚城的众多黉宫中，讲学的学者都是举世闻名的、才能出众的高士名流。就是这些人，将智慧的种子播撒人间，他们献身于人类的目的就是要驱散凋敝、愚昧、贫穷和闭塞的旧日，揭开振兴、进步、富强和开放的新篇章，将造福人类的重任承担起来。

亚历山大里亚也是一座学城，尽管托勒密国王派人到处广征人才，一时也是群贤毕至、少长咸集，但并非所有学科的领头人都已到位，其中数学讲授人就尚缺乏。提到数学，选聘人才的目标自然会朝向柏拉图学园。

欧几里得作为柏拉图学派的优秀代表人物，被托勒密王看中了，于是，在公元前 300 年前后，他应邀来到亚历山大里亚，从事数学教学和研究。

欧几里得深感几何学由于系统化不足而导致的种种缺陷，于是在教学之余潜心致力于完善和发展几何学。在他之前，古希腊的数学家们对几何学的研究虽然卓有成效，也出过像毕达哥拉斯、柏拉图等那样有影响的人物，但是，前人的成果多是片断的，又互相没有什么联系，定理也没有经过严谨的证明。欧几里得总结了前人的成果，加以分析、纠偏、补充、归纳、综合，并创造性地进行释疑和论证，使之条理化和系统化，再加上自己多年研究的收获，写成千古巨著《几何原本》。

这是一部独一无二的奇书。世界文明的发展已达数千年，还没有任何一部科学论著，在读者的广泛性、维持巩固的长期性以及施予人们的知识性方面堪与它相比拟。公元 15 世纪末至 19 世纪末，《几何原本》竟用各种文字印行达一千版以上。而在 15 世纪前的一千八百年时间内，它始终统御着几何世界。

《几何原本》既是学术著作，又是完善的教科书；对数学工作者来说，它又是一部"经典"。两千多年来，学校使用的几何学教材有很多是选自《几何原本》的内容。

学习几何的捷径

"几何"是什么？几何学的拉丁文原意是"土地、测量"，土地的音译为几何，又考虑中文的几何有数量、大小的意义，因此，按音、意并译，便有现代"几何学"这个名词。

古希腊的数学是从几何入门的，所以那时几何一般也是泛指数学。自从欧几里得收徒授课之日起，四面八方蜂拥而至的学子都争先恐后地趋之若鹜。一则仰慕欧几里得的声名；二则因为数学是门新学科，学点知识以充实自己的学问不无好处。

数学的吸引力是很大的，许多人被它诱惑入迷，决意苦下功夫，不得到真谛绝不罢休；但是，也有不少人抱着侥幸的动机，他们想到，数学如此时髦，说不定学会了就能升官发财。

欧几里得是一位温厚的教育家，对有志钻研数学之士总是循循善诱地教导，但反对不务实学而急功好利的实用观点，他主张"知识即价值"，鄙视投机取巧的作风。有一个青年学生问他："先生，学了几何学之后有利可图吗?"欧几里得当即交给他几个铜币，说："你想获利，那么，把这些给你就行了。"

那时，有许多人不想付出辛勤刻苦的代价，而希望找个不费力的办法，如能找到这种办法，几何学知识岂不唾手可得? 托勒密王曾经问欧几里得："几何之法，更有捷径否?"欧几里得回答："夫几何一途，若大道然，王安得独辟一径耶?"欧几里得一贯的治学态度就是脚踏实地、循序渐进地学习，而他对别人也是这样要求的，即使对于国王也不例外。在国王垂问的情况下，他爽朗地给了直截的答复，此后，"几何学无王者之道"遂成为学习科学的箴言。

数学只对于真正的学者才具有无穷的魅力。的确，许多献身数学的人也想找出某种捷径，以便能够花费较少的时间和精力就能掌握几何学。这些人并不是企图应用不劳而获的方法，期待着天上掉下馅饼，仅需张嘴去衔来就可以了，他们也是务实的，肯付出辛苦代价，只不过存在一种心理：难道欧几里得的《几何原本》是天衣无缝吗? 如果将它的内容加以变革，用一种更容易被人接受的笔法写作，不也可能收到事半功倍之效吗?

这种数学工作者的想法是无可厚非的，不过，《几何原本》以它优越的、严谨的、用公理法建立起演绎的数学体系使那些人的设想和努力化成泡影。1908 年，英国数学家希思在他评注的《几何原本》序中表达一种人们的倾向：

"我们用不着奇怪，在当前这种什么都要走捷径的时代，自然会掀起一场摆脱欧几里得的风潮……许多人在赶时髦，想写出'更切合实际'的教科书，他们在这方面争先恐后地积极竞争……"

事实就是这样。可是，不久后有一位瑞典诗人贝尔曼写道：

甚至到现在一想到欧几里得，

我都得擦擦满是汗水的前额。

这两句诗反映出多少有志之士的绝望情绪呀，在寻求学习几何捷径的道路上，他们全都伤心无奈地被《几何原本》挡驾了。

星移斗转，换了人间。但是，时至今日，尽管欧几里得的年代离我们相当遥远，全世界的中学几何教科书却仍然遵循《几何原本》的道路行进。

知音在中华

欧几里得是属于全人类的。他固然是古希腊人，但是他的学术思想所产生的影响是如此深远，以致无论是空间或时间，都不能阻隔它的传播超越国界。

明朝万历年间，我国科学家徐光启（1562—1633）与意大利传教士利玛窦（1552—1610）合作，用四年时间（从 1603 年起至 1607 年）译完《几何原本》全书十三卷中的前六卷；其余各卷直到清朝咸丰七年（1857）才由李善兰（1811—1882）与英国传教士伟烈亚力（1815—1887）补译成汉文。从此，中国学者才得以一睹它的丰采。

原来，《几何原本》共十三卷，名为几何，实际上也包括数论等其他数学分支。主要内容如下：

卷一：从一系列定义、公设和公理开始，谈到关于直线和由直线构成的平面图形的几何学，包括全等形的一些常见定理、平行线定理、毕氏定理（即我国的勾股定理）、初等作图法、等面积形性质等。

卷二：论面积的变换。

卷三：讨论圆、弦、切线以及与圆有关的图形。

卷四：讨论圆与内接和外切多边形问题；正多边形的作图法。

卷五：探讨关于比例的理论，并且把它推广到各种量。

卷六：研究相似形。

卷七：算术，包括求最大公约数和最小公倍数法。

卷八：研究有关连比例的问题。

卷九：数论。

卷十：讲述不可通约量的理论。

卷十一：立体几何。

卷十二：穷竭法的应用。

卷十三：讨论正多面体。

徐光启对《几何原本》的评价非常高，他的观点在刊刻这部书的汉译本序中做了表达。他认为数学自古以来就是一门重要的学科，所幸有了《几何原本》，它作为研究数学的依据，深入浅出，甚得要领；他与利玛窦谈论到要翻译一些数学书籍时表示，如果不翻译这部《几何原本》，那么其他书籍也就不必译了。

徐光启探究《几何原本》要义，可谓深得精蕴，他认为，别看数学似无用场，实际上它是各种用途的基础，万种事物都是离不开它的，于是，他写道："盖不用为用，众用所基，真可谓万象之形囿（囿——荟萃的地方），百家之学海。"徐光启将《几何原本》比喻为大森林：你若是要建房，可以随心所欲去取材料，做栋梁的大材有，做椽檩的小材也有。

实际上，欧几里得已经通过《几何原本》深入一届又一届初中生的心头了。

第一个证明

对于欧几里得来说，毕达哥拉斯是一位很熟悉的人物。正是这位学者，创立了毕达哥拉斯学派，在科学、哲学方面建树很多，也是古希腊学人的骄傲。

直角三角形的性质是这个学派研究的重点之一，他们找到直角三角形的三边关系规律，说明"直角三角形中，两直角边的平方和等于斜边平方"的定理就是他们首先发现的。

毕氏定理的发现在几何学领域掀起一场从理论上探索形与数关系的大变革，对于当时仅具雏形的几何学来说，无疑是指路明灯，毕达哥拉斯为这一辉煌成果欢欣鼓舞，不可言状。传说他认为这样大的成绩只有缪斯女神（缪斯女神是艺术九女神的通称）的赐予才能获得，于是便宰了一百头牲畜酬谢女神，并大大地庆贺一番。

那么，毕达哥拉斯是怎样得到这条定理的？这条被称为定理的"定理"是不是正确？经过证明认可了吗？后人的这些疑点从考据者那儿没有得到线索，悬了二百多年案。

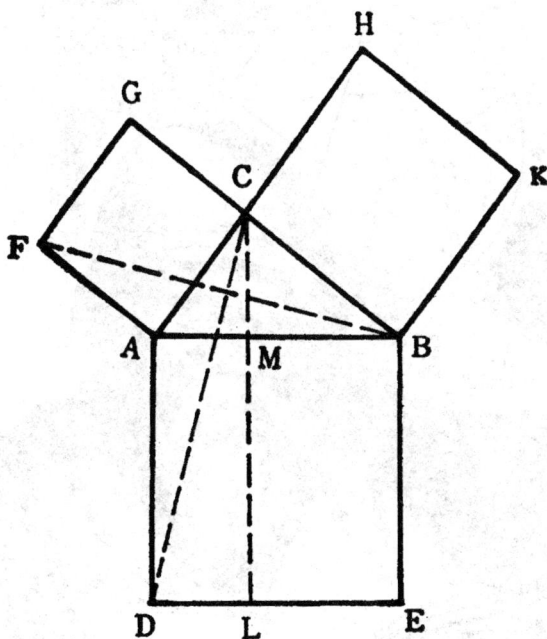

图1

　　欧几里得从自己掌握的几何学原理中找到了答案，他用一个很巧妙的方法对毕氏定理做了证明：

　　见图1，在直角三角形 ABC 的三边向外作正方形 $ACGF$、$CBKH$ 和 $ABED$；连 CD、FB。

　　因 $AC=AF$，$AD=AB$，$\angle FAB=\angle CAD$，故 $\triangle FAB$ 与 $\triangle CAD$ 全等。作 $CL/\!/AD$。

　　因 $\triangle FAB$ 的面积等于 $\dfrac{1}{2}AF \cdot AC$，即等于正方形 $ACGF$ 面积之半，而 $\triangle CAD$ 的面积等于 $\dfrac{1}{2}AD \cdot AM$，即等于长方形 $ADLM$ 面积之半，所以正方形 $ACGF$ 与长方形 $ADLM$ 的面积相等。

同理可以证得：正方形 *CBKH* 与长方形 *BELM* 的面积相等。

于是，正方形 *ACGF* 与 *CBKH* 的面积和等于长方形 *ADLM* 与 *BELM* 的面积和（即正方形 *ABED* 的面积），亦即证得了毕氏定理：

$$AC^2 + BC^2 = AB^2$$

要知道，两千年来，毕氏定理的证明方法犹如百树千树梨花开，统计数目，也有八百种以上，其中当然不乏妙趣横生的高见，远远胜过当年欧几里得的方法。可是，第一个证明是了不起的，人人都理解"第一个"的涵义，食用番茄算个什么事哪，但当初第一个将番茄纳入口中的人则被认为是具有非凡勇气的英雄。

天涯游子心

一则含谜故事深深地打动欧几里得：

毕达哥拉斯学派的弟子某甲出外游学，不虞身染重病，兼之囊中羞涩，沦落道旁。一个老者路遇，怜他羁旅异乡，举目无亲，便搀扶回家服侍，并延医调治。过了一些时日，病情不见好转，这个异乡孤客自知沉疴难愈，便取出一枚铜星交与房东作为诀别纪念，并且嘱咐他可将它悬在家门口，接着说："生不能答君之高谊，死当有所报也。"几天后，这个飘萍断梗的陌生人离开了人间。

那是一枚五角形的铜星，它也隐含着客人的身世。终于有这么一天：几个风尘仆仆的外乡人路过这里，望见这铜星，入谢主人，再拜并厚报而去。

原来，毕达哥拉斯学派的成员之间用五角形铜星作为标识，互为联系，那么，五角星为何这样神秘，它有什么奇异的性质呢？

通过欧几里得应用数学手段探索的结果，他揭示出正五边形的一个有趣特性：寓含着"黄金分割"的思想。

当年，攸多克萨斯曾发现黄金分割，见图 2，在已知线段 *AB* 上取点 *H* 以得到：

图 2

那么，*AB* 分割为 *AH* 和 *HB* 的结果便是"黄金分割"，所分割的线段有以下关系：

$$AH : AB = HB : AH = \frac{\sqrt{5}-1}{2} \approx 0.618 : 1$$

比值 0.618 : 1 称为"黄金分割比"，正五边形的某些线段之比也符合黄金分割比，例如图 3 中的 *AD* : *AB*、*B'E'* : *AB'*、*AC* : *AB* 和 *AB'* : *AD'* 等。

黄金分割在美学、优选法以及许多生活、生产范畴均有很大应用范围。欧几里得是用纯几何方法得到的，《几何原本》卷二命题 11 这样描述黄金分割法："分割一已给直线，使整段与其中一分段所成长方形等于

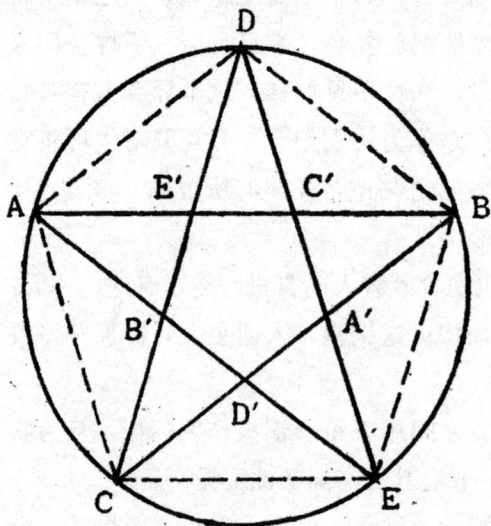

图 3

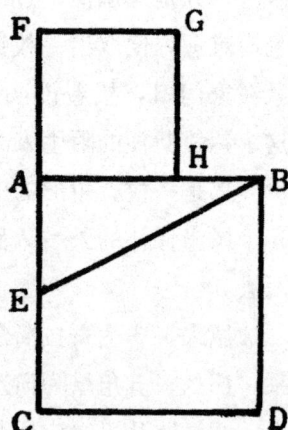

图 4

另一分段上的正方形。"欧几里得所用是一种独特的方法：见图 4，设 AB 是已给线，则作正方形 $ABDC$，取 AC 的中点 E；连 EB；在 CA 延长线上定点 F，使 $EF=EB$；作正方形 $AFGH$，便得黄金分割点 H。

《几何原本》卷四命题 10 指出如何作一等腰三角形，使其每一底角均为第三角的二倍。这实际上是作正五边形的方法，例如图 3 中的 $\triangle AB'E'$ 便为所作的三角形。

碧落黄泉何处寻?

当人们在溶溶月色之中聚集在一起，对这轮当空的玉盘萦心观测、评头品足时，自然会发现月有阴晴圆缺，就像人有悲欢离合那样，也不足为奇。不过，要找到月亮盈亏的规律可不是一件容易的事，但是，古希腊人的确也是为它煞费苦心，他们根据亏缺程度和复圆时间做出记录性的统计，经过不断积累资料，倒是找到规律，确定了周期性的范围：每过 29 天或 30 天，月亮就要复圆一次。

这个发现对天文学家来说，可能无足轻重，可是在数学家眼里，它却非同小可。数学家们建议天文学家每隔相同的天数观测一次，以核对盈亏程度。对 30 天来说，可以每隔 2 天、3 天、5 天、6 天或 10 天、15 天进行观测，当然，也可以每天测一次；而如果换成 29 天呢？那么，只好每天测一次了。

从 30 和 29 两个数的特征分析，古希腊人确定，对于像 29 那样只有 1 和它本身两个因数的数，称为质数。

欧几里得为研究质数的性质花费大量心血，在《几何原本》卷九中，他提出的一些成果成为现代数论中非常重要的基础理论，例如"唯一分解定理"：一个大于 1 的自然数能以一种方式、并且只能以一种方式分解为若干质因数的乘积。欧几里得并证明了质数有无穷多个。

既然质数有无穷多个，当然，任何人无法将所有质数都写出来，而且，对于一个相当大的数，鉴别它是不是质数也非常难。

对于自然数，毕达哥拉斯学派曾经有过一种异想天开的说法：数 1 是所有数的起源，数 2 是第一个阴性数，数 3 是第一个阳性数，阴阳如能结合在一起，就会得到最美的数。这种说法本身就是一个谜，它困惑了人们将近 200 年，到欧几里得时代才被揭破：原来 6 可写成 $6=1+2+3$，其中 2 和 3 是它的真因数（大于 1 和小于该数本身的因数称为真因数）。此后，将像 6 这类的数称为"完美的数"，后来转称为"完全数"，定义为：如果某数等于 1 和它的全部真因数之和，该数就是完全数。

欧几里得对完全数进行了一番研究，得出很好的结果，他的贡献表现在确定以下定理：

若 2^p-1 为质数，则 $(2^p-1)2^p-1$ 是完全数。

当时他只知道 6、28、496、8128 四个完全数，相应的 p 值为 2、3、5、7。

人们沿着欧几里得的足迹去寻找其他完全数，可是踏破铁鞋，还是收效不大。欧几里得之后约两千年，法国数学家梅森（1588—1648）毕生从事寻找 2^p-1 型质数的研究，且有实效，所以后人称 2^p-1 型数为"梅森数"。因为找到为质数的梅森数，也就找到完全数，所以梅森的目标便是去找 2^p-1 型质数（p 也必然为质数）。实际上，梅森也找到了符合这种要求的数，如当 $p=17$、19、31、89、107……时的梅森数便是。

在鉴定梅森数是不是质数的过程中，数学家们为进行因数分解费尽了心机，例如 $2^{251}-1$ 是个 76 位数，已经分解得两个质因数 503 和 54217，知道它不是质数，但是另一个因数 13268…59697（69 位数）的分解却成为 3 世纪以来一个令人感兴趣的问题，直至 1982 年才借助计算机分解出来，得到 17823…89511（21 位数）、61676…01367（23 位数）和 12070…69681（26 位数）三个因数。

可见，判别梅森数是不是质数的难度非常大。原先，人们以为质数的梅森数一定很多，但大大地出乎意料，近代即使有计算机为人类代劳，陆续发现了一些为质数的梅森数，至 1985 年的资料，也只知道仅有 31 个，其中最大的一个是 $2^{216091}-1$，它是六万五千多位的数。

有了完全数，随之出现"互完数"（或称"亲和数"）：若二数 m、n 中任一个的真因数之和等于另一个数，则称 m 和 n 为一对互完数。如 220 和 284 是一对互完数。

奇怪的是，人们能够找到数量相当多的互完数（至 1989 年，已发现 55000 对），却仅仅找到为数那么少的完全数（表现在为质数的梅森数）。可是，数学家们不肯罢休，寻找完全数的努力仍在继续，不过，碧落黄泉两茫茫，未来出现在世人面前的是多大的完全数（是由相当大的梅森数得到），谁也说不清楚。

意外的收获

由于生活和生产上的需要，欧几里得在讲授数学时，提出如何求最大公约数和最小公倍数的方法，载于《几何原本》卷七内。

那时流行的这类问题非常多，都用欧几里得独创的"辗转相除法"解决。例如：某慈善家以 6737 枚铜币和 2811 升米等分给若干贫民（所得米的单位为升），分完后余铜币 6 枚、米 2 升，问贫民的最多人数是多少？

显然，这是求 6737－6＝6731 和 2811－2＝2809 的最大公约数。按照现代算术的常规解法，需先将这两数的因数分解出来，可是，分解这样的两个数并不是容易的事，如果应用辗转相除法，那么，也就迎刃而解了。

辗转相除的过程如下：

$$6731＝2809×2＋1113$$

$$2809 = 1113 \times 2 + 583$$

$$1113 = 583 \times 1 + 530$$

$$583 = 530 \times 1 + 53$$

$$530 = 53 \times 10 + 0$$

这样，就可以得出答案：贫民的最多人数为 53 人。

辗转相除法用于求最小公倍数也是极为简易。根据该二数乘积等于最小公倍数与最大公约数的乘积这一结果，可得 6731 与 2809 的最小公倍数为 $6731 \times 2809 \div 53 = 356743$。

《几何原本》卷七的命题 1 写道："两不等数，辗转相减，余 1 而止，则为两无等数之数。"（李善兰和伟烈亚力译本中"无等数之数"指互质的数）说明两个互质的数经过辗转相除（过去或称"除"为"减"，除就是减一次、二次、三次……），能够得到最后余 1 的结果。起初，人们只把这命题当作一种数的性质看待，可是经过深入探索，才知道欧几里得在这里伏下一个非常巧妙的方法，可以解决当时希腊人感到很头痛的"蜂蛛同箱"问题：一个箱子中装有多只蜜蜂和多只蜘蛛，它们共有 46 只脚，问其中蜜蜂和蜘蛛各有多少只？

设箱中的蜜蜂和蜘蛛的只数分别为 x 和 y，则可列出方程

$$6x + 8y = 46$$

即　　　　　　　$$3x + 4y = 23$$

按欧几里得辗转相除法：

$$4 = 3 \times 1 + 1$$

符合命题 1：3 与 4 互质，经过辗转相除（这问题简单，只相除一次，未辗转），得到最后余 1 的结果。于是可以写出 $1 = 4 - 3$，即 $23 = 4 \times 23 + 3 (-23)$，知道方程有一解：$x = -23$，$y = 23$。

因为方程 $ax + by = c$ 只要有一组整数解 $x = x_0$，$y = y_0$，便有一切整数解：

$$x = x_0 - bt \qquad y = y_0 + at$$

式中 t 为整数。故 $x=-23-4t$，$y=23+3t$。要使 x 为正整数，那么就有 $t=-6$、-7、-8……，当 $t=-6$ 和 -7 时，$x=1$ 和 5，$y=5$ 和 2。当 $t=-8$……，y 为负值；又题意蜜蜂有"多只"（1 只以上），因此，答案为：蜜蜂 5 只，蜘蛛 2 只。

后人从命题 1 得到意外的收获：解二元一次不定方程的方法。可是，谁会料到当初欧几里得是早已经提示过这个精彩的方法？

"蜂蛛同箱"问题非常简单，凑数也能凑上，但是，当人们接触到"五猴分桃"问题时，才惊叹欧几里得的辗转相除法竟然具有如此巨大的威力！这问题大意是：

五只猴子分一堆桃子，怎么也不能均分成五份，大家约定，先去睡觉，明天再说。夜里，猴甲偷偷起来，吃掉一个，这时它发现正好可以均分成五份，便分好五份，把自己的一份藏起来，又去躺下了；接着，猴乙起来，也偷吃一个，发现余桃也正好可均分为五份，便照分，并藏起自己的一份；猴丙、丁、戊照样炮制一番：吃掉一个，均分成五份，藏起自己的一份。问总桃数最少为多少个？

钥匙

古希腊是数学的故乡。从历史的发展来看，这样评价古希腊丝毫也不溢美或夸张，而在一大批有贡献的数学家之中，欧几里得尤其突出，他奠定了几何学基础，并且在学术上硕果累累。欧几里得辛勤一生之中，除了有创见性的著作传世之外，他还是一个教育家，不惮繁琐地频频将学识传授给年青一代，为他们释疑解难。当时，社会上遇到解决不了的问题，人们立即会想起他，他也乐于为大家服务，因此，欧几里得被人称为"钥匙"。

欧几里得在几何学上的贡献是无与伦比的，他是奠基人，是播种者，他垒成的几何学大厦至今雄踞天下。许多人认为,"欧几里得"与"几何学"应该看作是同义语。

《几何原本》中记述欧几里得的许多创见,至今熠熠生辉:

他是第一个用几何语言处理等价代数问题的人,例如

$$a(b+c+d+\cdots)=ab+ac+ad+\cdots$$
$$(a+b)^2=a^2+2ab+b^2$$

二式可以分别从图5和图6表现出来。

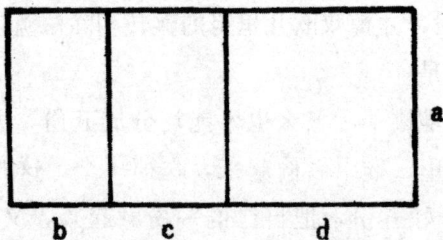

图 5

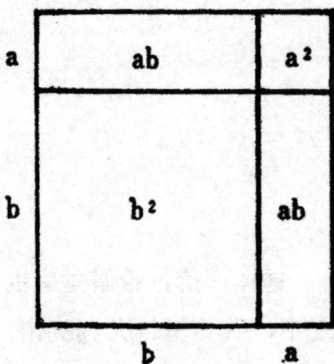

图 6

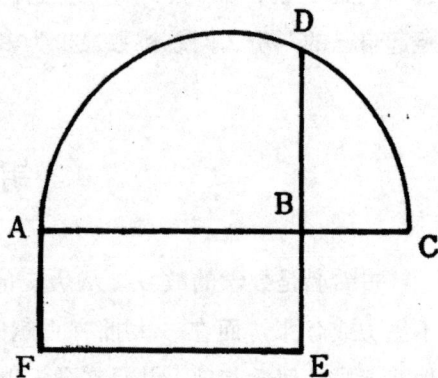

图 7

他提出作正方形等于已知长方形的方法:见图7,若已知长方形为 $ABEF$,则延长 AB 至 C 使 $BC=BE$;以 AC 为直径作圆,垂直于 AC 的线段 BD 就是求作正方形的边长。

他生动地利用比例理论讨论相似形的各种性质,从有关相似形的第

一个定义即可见一斑，这定义叙述"相似直线图形是对应角相等且对应边成比例的那些图形"。

他将平面直线和平面角的几何学推广到平面与平面所构成的角上，讨论了各种立体图形的性质，确定圆锥体、球体是旋转体。

他应用穷竭法证明了诸如"诸圆彼此之比，等于其在直径上做出的正方形之比"、"底面为三角形，高相同的诸棱锥体彼此之比，等于它们的底之比"、"圆锥体的体积是外接圆柱体体积的三分之一"等命题。

他说明如何作内接于球的五种正多面体，并通过巧妙的推理过程确定了正多面体边长与外接球半径的比值，也证明了正多面体只能有那五种：正四、六、八、十二、二十面体。

欧几里得的知识非常渊博，除了《几何原本》之外，他还有不少著作。物理学方面的《反射光学》一书最早地建立了反射定律，天文学方面有《现象》一书；数学方面还有《圆锥曲线》、《曲面·轨迹》、《论图形的剖分》、《辨伪术》（书中含有正确和错误的几何证明，用以训练学生）、《数据》（供复习《几何原本》用的一批练习题）等。

智者的"一失"

《几何原本》一开头，在卷一就开具定义、公设和公理若干条。按照古典数学的论点，公理是经过人们长期实践而总结出来的，不加证明而承认其正确性。在《几何原本》中，似乎公设仅用于讨论几何，而公理对数学的各个领域都适用；但在近代的公理方法中，公设和公理不加区分，大多数采用公理一词。

欧几里得在书中列出五条公设和五条公理。五条公设是：

1. 从每一点到另一点可引直线。

2. 有限的直线可以无限延长。

3. 以任一点为中心，可用任意半径作圆。

4. 所有直角彼此相等。

5. 若两直线与第三直线相交，且在一侧所成的同侧内角之和小于两直角，则将这两条直线向该侧延长后必定相交。

五条公理是：

1. 等于同一个量的量互等。

2. 等量加等量，其和亦相等。

3. 等量减等量，其差亦相等。

4. 彼此重合的必定相等。

5. 整体大于部分。

以上十条公设和公理中，除第五条公设之外，其他九条都是显而易见的。至于"第五公设"，可用图8说明：若两直线 m 和 n 与 l 相交，∠1+∠2 小于两直角，那么，直线 m 和 n 向右侧延长后必定相交。

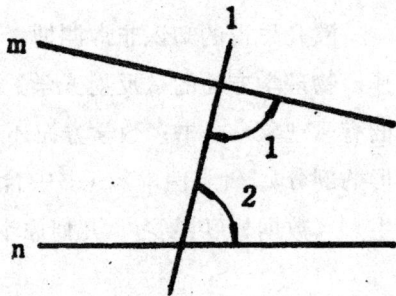

图8

第五公设无论从说词繁琐或是从直观性弱这两方面看，其正确性应该进一步落实。于是有许多人对欧几里得的这条公设提出修正设想，企图从《几何原本》所给的一系列定义、公设、公理出发，予以严格的证明，使这一公设变成定理。

对于立论严谨的数学家们来说，产生以上想法是无可厚非的。但是，原先人们并没有怀疑这一公设所叙述内容的正确性，然而，进行一番激烈争论之后，却由于试证未获成功，反倒对内容的正确性产生怀疑了。

《几何原本》提出23条定义，第23条是平行线定义："平行线是在同一平面上向两边无限延长时永不相交的两条直线"；而书中又有命题29："一条直线与两条平行的直线相交，则所成的同侧内角之和必为两直角。"欧几里得在证明这个命题时使用了第五公设,于是对照以上定义、公设、命题之后,人们转念:看来,过直线外一点能作出与该线平行的直线(永不相交)可能不止一条?

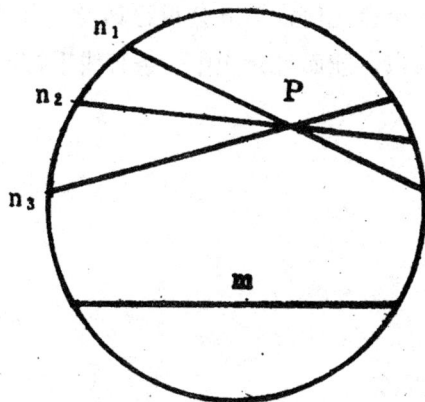

图9

按图9,设想圆内有一条直线(弦)m以及线外的一点p,显然,过p所作不与m在圆内相交的直线(诸n)有无穷多条。那么,如果将圆的直径不断增大,这个结果还是存在的;进一步使圆的直径"无限"增大,就更加令人扑朔迷离了。

智者千虑,或有一失。当初欧几里得是怎样看待第五公设(后人或称它为平行公设)的,当然无人得知。不过,人们揣测,他确实含有无限直线存在的思想;而他本人也可能尝试过去证明那条公设;同时,看来他对这条公设也感到不满意,在证明《几何原本》的命题时只使用过一次这条公设。

但是,不管怎么说,由于欧几里得留下的这一破绽,确实掀起一场大风波。世界上许多著名数学家都被吸引到这一争论中去,他们之中有的为了使这条公设变为定理,甚至献出了毕生精力,但是,所有投身于这种活动的人全都失望了。

然而,欧几里得九泉有知,应该感到欣慰的是,全世界的学者都没有责备他，反而更加敬重他。正是那条第五公设，使几何学在众人的擎举下大踏步地前进了，到 19 世纪，终于导致发现了一种新的几何——非欧几何。

现今，对于欧几里得几何，第五公设已改称"平行公理"，即："过已知直线外的一已知点，能而且只能作一条直线平行于该已知直线。"

刘徽——心目中没有"可望而不可即"

虽天圆穹之象犹日可度，又况泰山之高与江海之广哉！

——刘徽——

数的诱惑

作为万物之灵的人类，在茹毛饮血的上古时代，就开始去探索数的应用。最初，人们只能用手指头比划一至十的数；据说，后来出了一个圣人伏羲氏，开始教大家"结绳"为数，又发明了九九乘法。

如此说来，伏羲氏可以称得是数学这门学科的始祖了。这位不同凡响的开拓者对人类文明的贡献之大是不可估量的，从后人给他造像为"伏羲氏手执矩（方尺），女娲氏手执规（圆规）"可以看出，数学已经从简单的计数推进到内在机理的联系了。至于那个女娲氏，传说是伏羲氏的妹妹，她曾用黄土造人，并炼五色石补天，折断鳌足支撑大地，治平洪水，因为她"手执规"，自然也是一位数学家了。

少年刘徽从小就听说过有关伏羲氏和女娲氏的许多美妙而生趣盎然的故事，赞叹祖先们神奇而不可思议的聪慧，深深地被那些充满奥秘内涵的传说所吸引，为之心驰神往。

然而，他最钟情的要算是伏羲氏所画的那幅"八卦"（图10）了，这

图 10

个奇特古怪的图形之所以能够使他入迷，是因为有人告诉他说："万物之数因八卦而起也。"那么，这幅图形果真蕴藏着如此强大的威力吗？实在是令人捉摸不透。

原来，这图形的中圆叫做"太极"，黑白部分鱼形称为"两仪"，正八边形的各边三叠线段是"八卦"，其中上下左右四卦（即乾、坤、离、坎）的内层两叠线段称为"四象"。古老的哲学著作《易》从数的观点阐述八卦的意义："《易》有太极，是生两仪；两仪生四象；四象生八卦。"按照这种分割过程，实际上已经寓含有数学中的等比数列思想。

在研读《易》得到的收获中，刘徽对书中为八卦所作的概括性评价"以通神明之德，以类万物之情"特别感兴趣，这是表明，八卦系用来申述神灵创造世界的功德，解释事物的自然规律的。难道八卦有这样巨大的功能吗？刘徽年纪幼小，自然无法理解，但是，有一点是清楚的，那就是他看出奇妙的太极、两仪、四象以及八卦的神秘色彩，于是，发掘数与数之间的关系便无形中成为他暗暗地埋藏于内心的种子，一旦气候得宜，就会生根发芽了。

执著的痴情

却说泱泱中华的悠久历史，可以上溯到五千年之前。约在公元前11世纪，周武王姬发灭了商朝，建立周朝，政务由他的弟弟姬旦辅佐，姬旦励精图治，功绩卓著，被尊称为周公。周公曾经作《周礼》，教人学六艺：礼、乐、射、御（驭）、书、数，其中"数"即九数"，汇集生活和生产上的九类数学问题，加以综合讲述，从此，人们得以较为系统地接触到数学。

几百年后，学者们根据过去和当时的全部数学知识，将问题的性质和解法分为九大类，拟出了246道题，写成了一部内容极为丰富的专著《九章算术》，九章是：

一、方田：主要是讨论平面形的边界和面积问题。

二、粟米：讲述粮食交易的计算方法，主要介绍比例算法。

三、衰分："衰"是"衰减"的意思，在这里作"定量分配"解释，本章讲述配分比例和等差、等比数列等问题。

四、少广："广"就是"宽"，这章讲述当平面形面积或立体形体积已知时，如何求得边长或圆径长的方法。

五、商功：以施工的工程量为题，介绍求各种立体形体积的方法。

六、均输：讲述根据距离远近以及人口条件等运送物资和使用工日等计算问题。

七、盈不足：讲述解盈亏类问题的算术方法。

八、方程：讲述一次方程组的解法。

九、勾股：讲述勾股弦关系，以及相似直角三角形各边比例关系的计算。

在世界数学史上，《九章算术》与欧几里得的《几何原本》齐名，东西辉映争光，在数学发展中产生过深远影响。经过历代数学家们不断完善、补充、修订，《九章算术》约在东汉初期（约公元1世纪）成书，作为教材在民间广为流传。

刘徽在幼年时代就开始学习《九章算术》这部巨著，可是由于书中内容艰深，所介绍的方法又过于简略，因此觉得很难深刻理解。于是，便有人劝他说，这里头学问大着呢，还是不要浪费精力去研究，要知道，那是"可望而不可即"的啊！

然而，真是"可望而不可即"吗？刘徽不那么看。他的心已被《九章算术》紧紧地攥住，此生此世，无法两相分离了。

长大了，生活知识丰富了，见闻和思路开阔了，自然就有条件做进一步的深入探讨。他立志要对这部深奥的著作穷纤入微，作无休止的探测，于是，细细地阅读，认真地思考。他想到，无论数学（那时的"算术"实际上就是现代的"数学"）有多难，总是有一定规律性的，就象宇宙中的"阴阳割裂"（那时认为万物都由阴和阳所构成）那样，只要深入探讨数学方法的根源，没有解决不了的课题。

刘徽对《九章算术》一往情深，并不是毫无根据的空头相思，他坚定地抱着必胜的信念去战胜面临的巨大困难，首先要运用一种正确的科学方法，那就是必须不遗余力地去寻根觅源。刘徽认为，一切事物都可以比喻为树上的枝条，从局部上看，只不过是孤立的一个部分，但是，各种事物都是互相关联的，必然归并于树的躯干，而应该看作是从躯干这一端发展出去的。根据他观察前人的经验所在，理解到数学并不是特别难学的，而为什么能够钻研深透的人这样少，其原因大概就是忽略了事物产生、存在和发展的规律所致。

刘徽矢志追寻《九章算术》的精蕴，历经数十年，终于完成《九章算术注》，从其著作的序中可以见到他多年的抱负和对《九章算术》的倾心："徽幼习《九章》，长再详览。观阴阳之割裂，总算术之根源，探赜之暇，遂悟其意。是以敢竭顽鲁，采其所见，为之作注。"

初见锋芒

在历史上，刘徽是一个布衣学者，默默无闻；但是，在学术成就上，《九章算术注》则大放异彩，光华照人。后人是从这部"注"知道有刘徽这个人的。

刘徽的身世履历、生卒年代均无从考得，人们只能从《隋书·律历志》中的两句话"魏陈留王景元四年，刘徽注《九章》"中探寻他的踪迹。景元四年正是公元263年，这时刘徽已年事较长（根据他在序中有"徽幼习《九章》，长再详览"的字句判断）；又"注"中有"晋武库中汉时王莽作铜斛"句，推断在魏亡晋兴（公元266年）时他仍在作注，这样，刘徽当是公元3世纪魏晋期间的人。

到了宋朝，宋徽宗为了弘扬数学，追封历代著名数学家，加以五等爵，如"张衡西鄂伯"、"祖冲之范阳子"、"刘徽淄乡男"等，按爵位等级为公、侯、伯、子、男，男爵为末等，故判断刘徽生前只是一个平民。并且从中得知刘徽当是今山东临淄或淄川一带人。

然而，刘徽之所以被认为是世界上知名的大数学家，是以他的学术成就为依据的。通常对一部书作注，其手法无非是考（考证）、释（解释）、校（校讹），属于一般层次；更进一步的注则能针对书的内容进行分析、评点，提出注者一已之见。刘徽为《九章算术》所作注已超越以上两种注家手法，它的精彩之处在于开拓、创新，不仅提出丰富的独到见地和精辟发明，还能以严密的数学用语描述有关数学概念，对原著中的许多结论给出严格的证明，这就大大地增添"注作"的光辉。

刘徽创导的"以盈补虚术"为几何证明提供一种直观而严密的方法，思路非常新颖，在《九章算术》第一章《方田》中首露锋芒。三角形求积公式"底乘高之半"是怎么得到的？且看刘徽的巧妙证明：

《方田》章有一道求三角形面积的题：今有圭田广十二步，正从二十一步，问为田几何？（圭——三角形，广——宽，正从——高，步——长度的单位，也作为面积单位平方步的简称）。答曰：一百十六步。术曰：半广以乘正从。

题目附有答案126平方步，并提供方法"取宽的一半乘高"。刘徽对方法的证明是"半广者，以盈补虚为直田也"（直——长方形），意思是说：为什么取宽的一半呢？是用多余部分补不足部分成为长方形面积。

从图 11 可以看出，高 AH 将 $\triangle ABC$ 分成两个直角三角形 ABH 和 AHC 后，如取 BH 和 HC 的中点 M 和 N，作长方形 $MNQP$，那么，这个长方形的面积就等于 $\triangle ABC$。于是 $\triangle ABC$ 可按长方形 $MNQP$ 的面积取用，等于 $\triangle ABC$ 的半广（MN）乘正从（AH）。

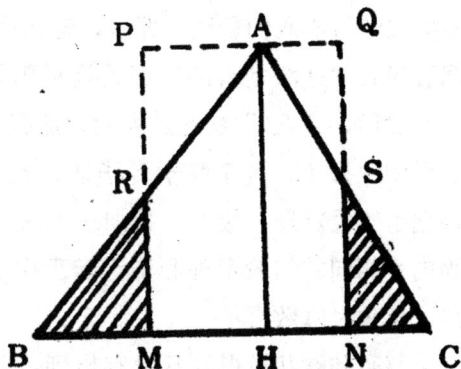

图 11

这种方法的特点就是应用"割补"的方法将多出的图形（盈）$\triangle RBM$ 和 $\triangle SNC$ 割下来，移到空白的地方（虚）$\triangle RAP$ 和 $\triangle SQA$。

同样，梯形面积的计算公式"并两邪而半之，以乘正从若广"（两邪——梯形的两底，并两邪——将两邪合并，即取两邪的和），也可以从图 12 推导出，即将两底和的半数看作是"广"，算出长方形面积。刘徽注中说："并而半之者，以盈补虚也。"

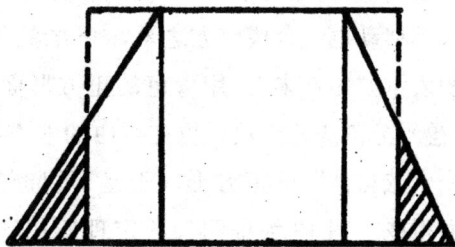

图 12

万种风流

数学史上曾经发生过许多起有趣的巧合，往往两个人同时或先后独立发现某一定理和方法，无论是近在咫尺，或是远在天涯，他们都在互致心灵上的默契。

当年周公姬旦问学者商高："没有台阶可供我们上天，又没有一把合格的尺子可供我们量地，那么，怎么确定天有多高、地有多广呢？"商高回答说："办法是有的，那就是利用勾、股、弦之间的关系，譬如说勾三、股四、弦五。"从此，人们知道有了一个数学定理：勾股定理。商高之后约六百年，古希腊学者毕达哥拉斯也发现直角三角形的三边关系，创立了毕氏定理。接着，我国三国时代的赵爽和古希腊的欧几里得分别为内容相同的勾股定理和毕氏定理做了几何证明，所谓"江山代有才人出，各领风骚数百年"。

赵爽和欧几里得万万没有想到，在他们身后，一支异军突起。就是这位刘徽，居然别出心裁，应用以盈补虚术，三下两下，便将一种富有新意的绝妙证法呈现在读者面前，令人叹服不已。在《勾股》章中，他写道："勾自乘为朱方，股自乘为青方，令出入相补，各从其类，因就其余不移动也。合成弦方之幂，开方除之，即弦也。"他用朱色的正方形面积表示"勾自乘"，用青色的正方形面积表示"股自乘"，将这两块面积（盈）分割成若干块，再在空白的地方（虚）拼补起来，恰好能够组成一个"弦自乘"的正方形，于是可以断定，将勾自乘与股自乘的和开方，便得弦。图13为证明勾股定理所用图形，影线部分 BCDE 和加点部分 AGFC 分别表示朱方和青方，它们的"盈"1、2（朱出）、3、4、5（青出），分别补"虚"1′、2′（朱入）、3′、4′、5′（青入）。

因此，以盈补虚术也称为"出入相补法"，它有无穷奥妙，万种风流，能够解决许多几何问题。由于这种方法的可爱，历代有不少数学家为之倾倒。

图14示另一种以出入相补法证明勾股定理的图形，因朱方、青方中各有一部分居于弦方之内（分别为 EDCB、AFGC），所以刘徽称"因就其余不移动也"。

用出入相补法解"勾股容方、圆"问题更是妙趣横生，这类问题就是在直角三角形中作内接正方形或内切圆，已知勾、股二数求正方形的边长或圆的半径（实际上已知勾、股二数，也就知道了弦数）。

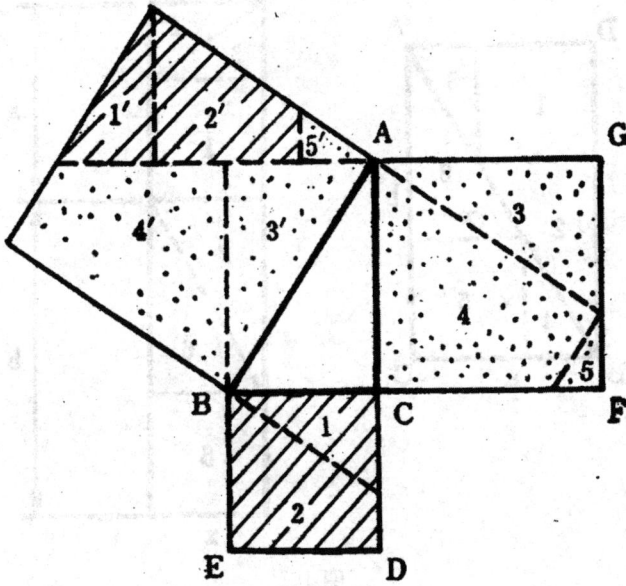

图 13

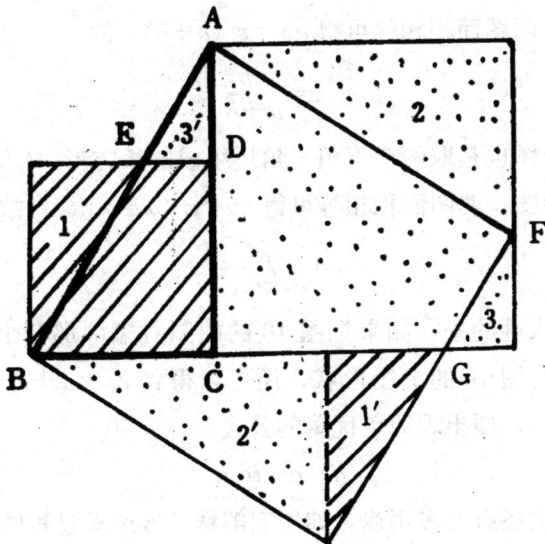

图 14

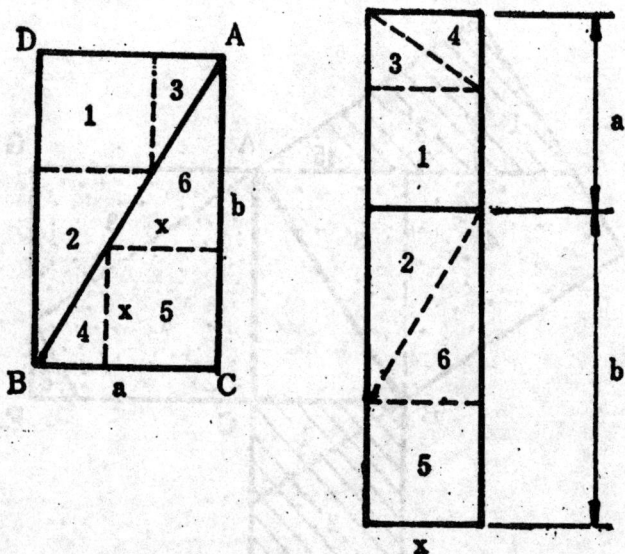

图 15

图 15 的左图是取两个直角三角形组成的长方形 $ACBD$ 分割后拼补如图 15 的右图，两图面积相等可得 $ab=x\ (a+b)$，故

$$x=\frac{ab}{a+b}$$

图 16 的上图也是取两个直角三角形组成的长方形 $ACBD$，分割后拼补如图 16 的中图，两图面积相等可得 $ab=r\ (a+b+c)$，故

$$r=\frac{ab}{a+b+c}$$

更加引人入胜的是，如果把图 16 的中图右端部那两个长方形割下，补到下方，成为图 16 的下图形状，还可以得到 $2r=a+b-c$，如果用 d 表示内切圆直径，便出现简单优美的公式：

$$d=a+b-c$$

出入相补法还有许多用途，如用它解释开方运算过程的几何意义等。

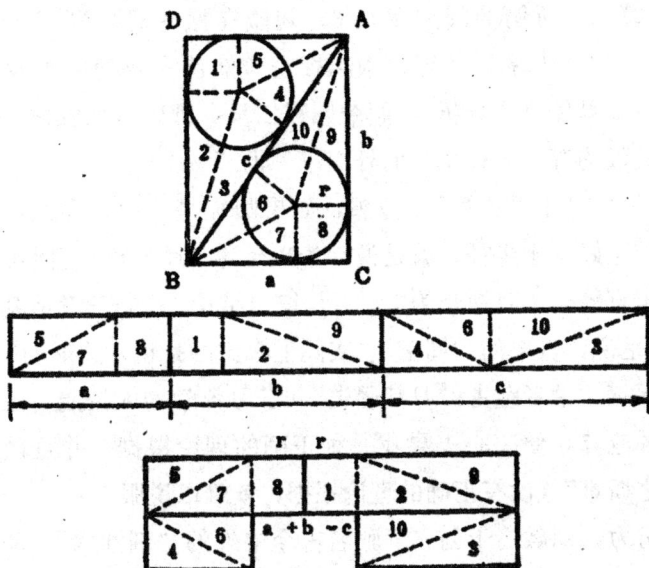

图 16

千古一绝割圆术

世界上有许许多多形状各异的图形，但是，古代中国数学家认为最具有特色和最基本的图形是方形和圆形，于是才有"伏羲氏手执矩，女娲氏手执规"的造像流传至今。

人们委实对方形和圆形怀有深深的感情，它们在世上触目可见，无疑是人类最熟悉的。可是，刘徽作为一位大数学家，他首先想到的是，对圆的性质，人们究竟掌握多少呢？

要研究圆的特征，必然需要推导出圆周率值。从古算书《周髀算经》（约成书于公元前2世纪）中，刘徽看出方形与圆形的密切关系，那本书中写道："数之法出于圆方，圆出于方"；"方数为典，以方出圆"。看来，圆形似乎是从方形推进而来的，这该如何理解呢？

《九章算术》所用的圆周率是 3。刘徽在做注时看到书中答案都用"周三径一"的"古率"演算,顿起疑窦。他首先要探明古率的几何意义,便用一个具体例子分析:"假令圆径二尺,圆中容六觚之一面,与圆径之半,其数均等。合径率一而外周率三也。"

"觚"是指"正多边形"。他想,如果圆径是 2 尺,那么,内接正六边形的边长正好等于半径,就是说,若半径为 1 尺,正六边形的周长为 6 尺,相当于直径为 1 时周长为 3。于是得出结论:"周三者从其六觚之环耳。"意思是说,古率的"周三",实际上求出的是正六边形的周长。

刘徽深感"学者踵古,习其谬失"(学习数学的人按照古法算,都跟着错了)的流弊,便决心去寻找一种正确的理论根据,并且认为"不有明据,辩之斯难"(没有正确的理论根据,就难以说服人)。

经过努力,刘徽终于创立了驰名古今中外的"割圆术",他指出:圆内接正多边形的边数无限增多,则正多边形的面积趋于圆面积。

首先,根据正六边形的边长求正十二边形的边长;然后,根据正十二边形的边长求正二十四边形的边长;类推地,用一般形式表示,则是根据 l_n 求 l_{2n}(l 为正多边形的边长,脚标 n 和 $2n$ 表示边数)。

刘徽按图 17 将有关线段分别称为"勾、股、弦、小勾、小股、小弦",其中"勾"与"小股"是一样的,为 $\dfrac{l_n}{2}$,

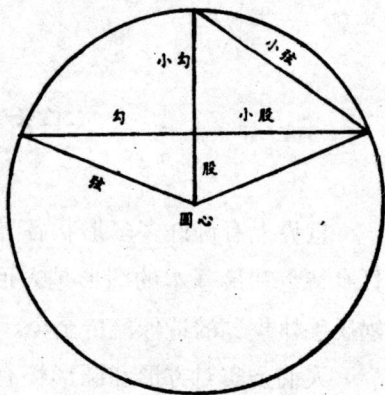

图 17

而"小弦"则是 l_{2n},"弦"为圆的半径 r,于是便有

$$l_{2n}\sqrt{\left[r-\sqrt{r^2-\left(\frac{l_n}{2}\right)^2}\right]^2+\left(\frac{ln}{2}\right)^2}$$

或写为

$$l_{2n} = \sqrt{2^2 - r\sqrt{4r^2 - 1_n{}^2}}$$

再用 S 表示面积，当有

$$S_{2n} = n \cdot \frac{rl_n}{2}$$

对于正六边形，因 $1_6 = r$，故

$$l_{12} = \sqrt{2r^2 - r\sqrt{4r^2 - r^2}} = 0.517638r$$

$$S_{24} = 12 \cdot \frac{r}{2} \cdot 0.517638r = 3.105828r^2$$

若用 S_{24} 作为近似的圆面积，则推算圆周率为 $\frac{S_{24}}{r^2} = 3.105828$.

刘徽按 S_{24}、S_{48}、S_{96} 算至 S_{192}，"得幂三百一十四寸六百二十五分之六十四，即一百九十二觚之幂也"。其中"幂"是"面积"，亦即取半径为 1 尺（10 寸）时，面积为

$$S_{192} = 314\frac{64}{625}\text{平方寸}$$

S_{192} 是小于圆面积的，他又算得 $314\frac{169}{625}$ 平方寸大于圆面积，于是有

$$3\frac{8814}{62500} < \pi < 3\frac{8919}{62500}$$

后来，刘徽又提出一个更精确的数：$\frac{3927}{1250}$。这个数值等于 3.1416，必须从正 3072 边形的面积取得。

刘徽认为，按 S_{192} 确定的圆周率在实际应用上还是可以满足要求，所以便取为 3.14，并用分数 $\frac{157}{50}$ 表示这个数。后人称 $\frac{157}{50}$ 为"徽率"。

事实上，割圆术之所以成为千古一绝，并不在于计算圆周率的精确度如何，而在于蕴藏于其中的极限思想。刘徽写道："割之弥细，所失弥少。割之又割，以至于不可割，则与圆合体，而无所失矣！"同时，他对于方与圆之间的关系也表达了精辟的论述："凡物类形象，不圆则方。方

圆之率，诚著于近，则虽远可知也。"

东方阿基米德

在极限思想中萌动着微积分，这的确是伟大的发现，但是，刘徽的成果并非一枝独秀，实际上，在他之前约五百年，古希腊数学家阿基米德已有类似的贡献夺步在先。

刘徽与阿基米德在极限思想上的默契是最动人和饶有兴味的，可以说是"心有灵犀一点通"。在苦求圆周率的过程中，他们俱各历尽艰辛，最终却都汇聚到应用无限分割的原理这一点上来，可以说是不谋而合。不过，在具体做法上，两人各有自己的特点，其技巧各有千秋，素为历代数学家所叹服。

刘徽使圆内接正多边形的边数逐步增多，从而导致正多边形的面积与圆面积趋同，于是得到以下结果：

$$3\frac{8814}{62500}<\pi<3\frac{8919}{62500}$$

即　　　　$3.1410<\pi<3.1427$

阿基米德则同时利用圆内接正多边形和外切正多边形的面积去逼近圆面积，得出结果：

$$3\frac{10}{17}<\pi<3\frac{10}{17}$$

即　　　　$3.1408<\pi<3.1429$

另一方面，在弓形面积求解方法上，他们二人又不约而同地应用了极限思想，依然如出一辙，只不过阿基米德所研究的是抛物线弓形面积，而刘徽则为圆弧线弓形面积。在解决这类数学问题时，通常人们只注意到他们创见极限思想的伟大，却很少看到递推方法的高明，因为对于某一种观念，虽然构思新颖，但如缺乏必要的具体实现手段，便落于空谈，而他俩却都在一种新思路的指导下运用巧妙的手段，实是难能可贵。

《九章算术》有"弧田问"（弧田——弓形面积）二则，其一为

"今有弧田，弦三十步，矢十五步。问为田几何？"

这是已知弦、矢去求弓形面积。按书上介绍的解法是："以弦乘矢，矢又自乘，并之，二而一。"照图18的标示符号，则弓形面积计算公式为

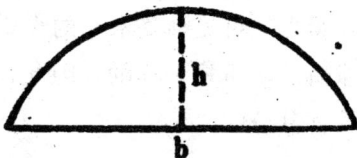

图18

$$S = \frac{bh + h^2}{2}$$

这是一个很粗略的近似公式。刘徽指出，只有当圆周率采用3，而验算半圆面积时，它才是对的，若弓形愈小，则误差愈大，他说："若不满半圆者，益复疏阔。"于是，便提出一种解决这种图形的求面积方法："割弧术"。

按割弧术的运算步骤，是先根据弦长和矢高求出圆的半径，然后以矢高为勾、半弦为股，求得"小弧"（小弓形）的弦（按图19，小弓形 DFB 的弦为 DB），即

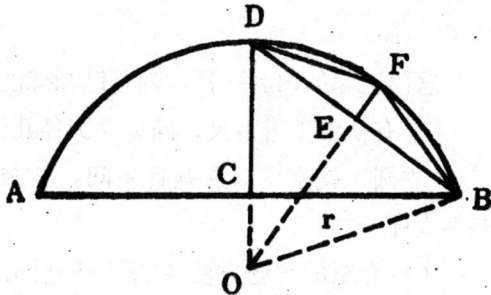

图19

$$DB = \sqrt{CD^2 + CB^2}$$
$$= \sqrt{h^2 + (\frac{b}{2})^2}$$

再以小弧的半弦为勾、半径为弦（这里的弦为直角三角形的斜边），求出股；用半径减股，即得小弧的矢，就是

$$EF = r - \sqrt{r^2 - (\frac{DB}{2})^2}$$

这样，弓形的粗略面积就是△ABD＋2△DFB 的面积。但这比真值还小四个更小的弓形面积（四个弓形 BF）。接着，刘徽运用他的极限思

想，提出："割之又割，使至极细"，按照继续分割的原理，最终可以求得足够精确的面积值。

就问题的复杂性而言，求解抛物线弓形面积比圆弧线弓形面积要复杂得多，可见阿基米德的学识水平比刘徽略胜一筹。然而，他俩对问题求解的实质是一样的，因此，有人称刘徽为"东方阿基米德"可以说是恰如其分的。

搁浅

刘徽在许多复杂的问题面前显示出非凡的才华，在注释《九章算术》的过程中做了大量创见性发挥，然而，限于当时的数学水平，刘徽毕竟无能解决书中存在的所有问题。《少广》章的最后两道题委实将他难住了。

这两道题的内容一样，都是已知球的体积求直径。举其中一道于下：

"今有积四千五百尺，问为立圆径几何？"

"立圆"就是球，这题目是问：已知球的体积为 4500 立方尺，直径是多大呢？

书中介绍的解题方法称为"开立圆术"："置积尺数，以十六乘之，九而一，所得开立方除之，即丸径。"（丸——立圆，即球）。以 D 和 V 分别表示球的直径和体积，则有

$$D=\sqrt[3]{\frac{16\times4500}{9}}$$

一般地，有

$$D=\sqrt[3]{\frac{16}{9}V}$$

即　　　　　$$V=\frac{9}{16}D^3$$

《九章算术》中用 $\pi = 3$，故 $V = \dfrac{3}{16}\pi D^3$ 或以球的半径 r 表示，则为

$\dfrac{3}{2}\pi r^3$.

那么，16 和 9 两个数的来源何在呢？刘徽认为：圆面积是外切正方形面积的四分之三（取圆周率为 3），直径和高相等的圆柱体体积是外切正方体体积的四分之三；可是，作者按圆柱体与球的体积比为 12 比 9（$\dfrac{3}{4}$ 与 $\dfrac{9}{16}$ 之比），那就是说，球的体积是外切正方体体积的十六分之九了。

刘徽指出上述结论是错误的，说"此意非也"，那么，"何以验之?"他用一种非常巧妙的方法揭示《九章算术》中计算球体积的公式错误所在，但是，他自己却没有能力推导出正确的公式。

对刘徽来说，就是要尽力在注中对原著错误处加以斧正，而自己觉得难以解决的，便虚心地将问题提出，或指出解决问题的途径。就已知球的体积求直径这一问题来说，他想：如果去画一些不正确的图形或提些不成熟的看法，恐怕理论上会有错误，那么，只好将这个疑难问题暂时搁下，等待以后能够解释的人去回答了，于是他说："欲陋形措意，惧失正理。敢不阙疑? 以俟能言者。"

刘徽虚怀若谷，从不似是若非地对自己解决不了的问题含糊其辞，故历来为后人所推崇和敬重。尽管使这个求球径的问题暂时搁浅，但这段往事却给后人留下一则数坛佳话。

刘徽所等待的"能言者"在二百年后才出现，他便是祖冲之的儿子祖暅。根据祖暅创立的原理："界于二平行平面之间的两个立体，被任一平行于这二平面的平面所截，如果两个截面的面积常相等，则这两个立体的体积相等。"结合刘徽在推翻《九章算术》错误结论过程中所做的一些工作，最终得到正确的答案。

天有多高

自古以来，人们仰望一碧无际的天空，总会对浩茫深邃的苍穹发出疑问：神秘莫测的"天"哪，你到底有多高？

甚至像周公这样的圣人，也曾经产生过类似的遐想，他不是也向商高问过怎么测量天高吗？可是当时商高并没有提供具体办法。

后来赵爽想到，太阳是挂在天上的，它离我们这儿多高，天就有多高。于是，他拟制了一幅《日高图》（图 20），在地面竖立两根高度相等的杆 AB 和 CD，它们被日照的影子为 BE 和 DF；在图上截取 $DG=BE$，就求得 $ABDC$ 的面积等于 $HIJK$；既然 $ABCD$ 的长、宽以及 GF（即 IJ）是已知的，也就容易求出太阳的高度 HG 了。

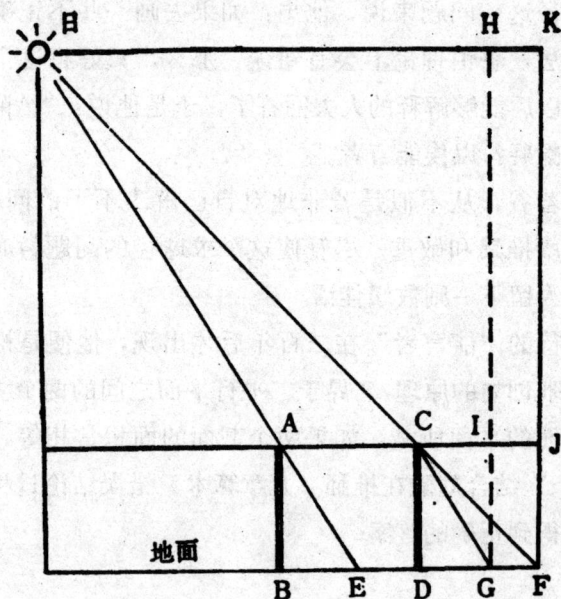

图 20

固然，由于地面不是平的，而且杆高和杆间距离相对于日高过于微小，所以测得的日高是不准确的。但是，赵爽却为后人提供一种极为先进的测高望远之术。

刘徽景仰赵爽的大胆设想，他把上述方法定名为"重差术"，重就是重复，"差"是日照影子长短的差值，说明只需测两次求日影的差，就可以算出距离。他认为，重差术用于测日高固然不准，但是，用于测量一座山、一座塔的高度却是游刃有余；特别是用于测"可望而不可即"的景物更是别开生面，譬如说，在大陆要隔海测海岛高度就可以用这种方法，能够尽得其妙。

刘徽立志将测日高法的原理加以改造，从应用于实际的目标出发，难点集中到那些能够望见、但不能到达的测量问题上，于是，将自己研究心得写成《重差》章，附缀于《九章算术》末章《勾股》之后。

《重差》的第一道题为《望海岛》，立意新颖，构思巧妙。原文为：

"今有望海岛，立两表齐高三丈，前后相去千步，令后表与前表参相直。从前表却行一百二十三步，人目着地，取望岛峰，与表末参合。从后表却行一百二十七步，人目着地取望岛峰，亦与表末参合。问岛高及去表各几何？答曰：岛高四里五十五步；去表一百二里一百五十步。"

据题意画成图样如图21。题目的意思是说：现在要测量海岛，立两根高度都为3丈的杆，两杆相距1000步，使后杆和前杆与岛成一直线。从前杆往回走123步，人的眼睛着地，向岛峰望去，正好杆顶也在视线上。从

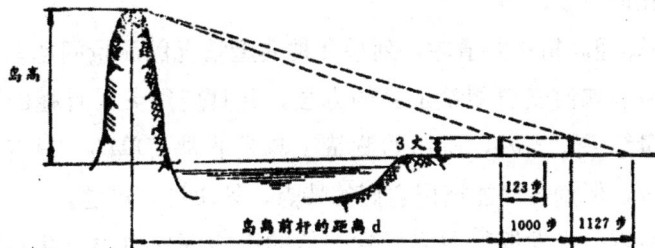

图21

后杆往回走 127 步，人的眼睛着地，向岛峰望去，杆顶也在视线上。问岛高和岛离杆各多少？答：岛高 4 里 55 步，岛离前杆为 102 里 150 步。

古代的 1 里是 300 步，1 步＝6 尺＝0.6 丈，据图 21 即可算出 $h=4$ 里 55 步，$d=102$ 里 150 步。

将图 21 与图 20 对照，即可看出，刘徽测岛高的方法实际上也就是赵爽测日高的方法。不过，这只是《重差》的开端，而更精彩的部分还在后头呢！

测量学先驱

刘徽的《重差》问世后，立即引起社会上广泛注目，唐朝选定数学教科书时，将它列为《算经十书》之一，另印单行本。因为其中第一道题为《望海岛》，所以将书名《重差》改为《海岛算经》。

刘徽本人将《重差》视为得意之作，他在《九章算术注》序中用多半篇幅叙述其创作过程和意义，而且明确指出："凡望极高、测绝深而兼知其远者必用重差"。从刘徽本意和《重差》内容看，他所从事的工作实际上属于测量学，在当时的条件下，可以认为是高水平的，他自己抱有十足的信心，他认为"虽天圆穹之象犹曰可度，又况泰山之高与江海之广哉！"说：天的圆拱大小都能量得出，那么，量泰山的高度及江海的范围也就不在话下了。

《海岛算经》精选九道题，列举九种典型情况的测量问题，设计了不同条件下应该如何安设测量工具的方法，并且应用灵活有趣的数学原理去求出测量结果。当时，所用的测量工具是非常简单的，只有木杆、方尺、测绳等，但刘徽却能把握它们的特点，解决许多难题。

刘徽将重差术发挥得淋漓尽致，他的思路深广得很，并不局限于前人的结果，因此能够展现自己的才华，进一步拟些更加复杂的题目。例如图 22 所示的《望松》题，要求测出山上一棵松树的高度，如按照一般做法，可仿效图 21，求出山高，又求出树顶离地面的高，相减即得。但是，刘徽并不拘泥于一般做法，他巧妙地利用几个有关数据，只测一次就把松树的高度确定出来了（他测得松树高度为 12 丈 2 尺 8 寸）。

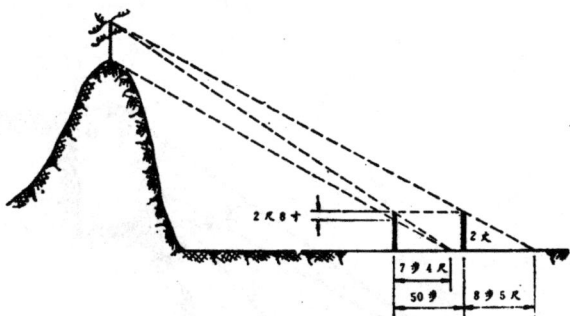

图 22

至于测深，刘徽使用两把矩（方尺），称为"累矩法"。例如，他遇到要测量谷深的问题，按图 23，便在岸上竖两把矩，根据观测所得的有关数据，通过一系列推算，得到谷深：

$$BC = \frac{FD \cdot CA}{EB - FD} - AB$$

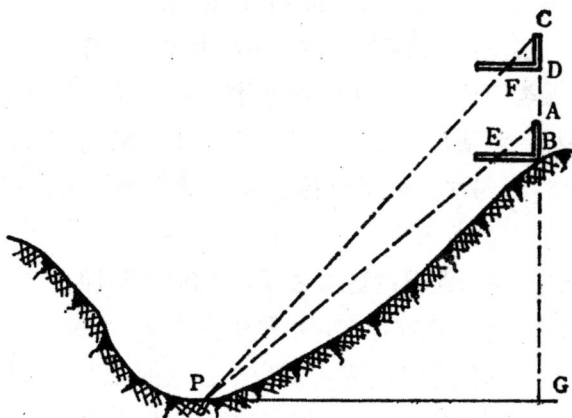

图 23

图 24 是更加复杂的情况，要想测量河流的宽度，他到河岸去竖两把矩，测得有关数据后，推导出河流宽度为

$$MN = \frac{\left(DH - \dfrac{AB \cdot BH}{GD}\right)EF}{\dfrac{AB \cdot EB}{GD} - AB}$$

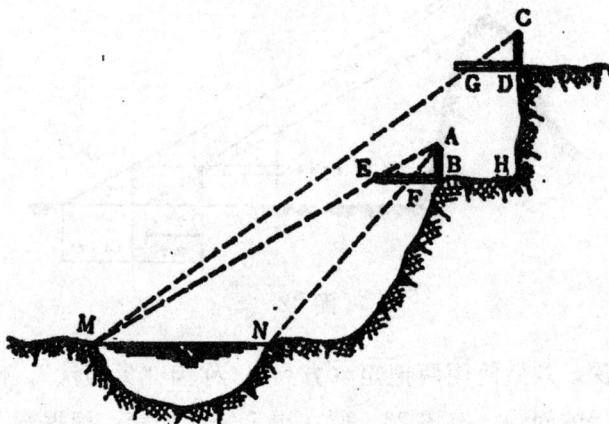

图 24

《海岛算经》有极其丰富的测量学内容，都是应用灵活机动的技巧来解决"可望而不可即"问题，它提供了测量高、远、深、广的各种方法。刘徽归纳他的方法说："度高者重表，测深者累矩，孤离者三望，离而又旁求者四望。触类而长之，则虽幽遐诡伏，靡所不入。"意思是说：测量高度利用两根杆，测量深度用两把矩，数据不足的测三次，数据不足而需求别的指标时测四次。根据具体类型灵活掌握，再神秘的难题也能解决。

刘徽用重差术进行测量的造诣之深大大超过当时的西方，即使是16、17世纪西方的测量术，比起他来，也是望尘莫及。《海岛算经》中有许多构思独特的题目，即使是具有先进测量学理论的今天，仍是非常引人入胜和耐人寻味的。刘徽在测量学术上有如此杰出的贡献，被推崇为测量学先驱是当之无愧的。

觅得金针度与人

"今有鳖臑，下广五尺，无袤，上袤四尺，无广，高七尺。问积几何？答曰：二十三尺少半尺。术曰：广袤相乘，以高乘之，六而一。"

这是《九章算术》中《商功》章的一道求体积题。鳖臑下部有宽无长，上部有长无宽，这是一种什么样的图形呢？真是令人费解！

要是道破了，便不是什么神秘的图形，它不过是一种底面为直角三角形而有一棱与底面垂直的锥体，形似"鳖肘"而已。根据书中的"术"，求积公式是"宽、长相乘，再乘高，被6除。"

可是，《九章算术》并没有"道破"，于是，人们在研究该书的数理精义时，遇到类似疑难之处，当百思不得一解之余，便会埋怨作者，说是"鸳鸯绣出从君看，不把金针度与人"。

刘徽所进行的工作就是去寻觅"金针"，以便交付世人，让大家都知道"鸳鸯"是怎么绣出来的。他研究《九章算术》坚持了很长时间，他认为基本功是很重要的，因此从阴阳割裂、算术根源开始，逐渐深化；他分析数学内容，深悟"事类相推，各有攸归，故枝条虽分而同本干者，知发其一端而已。"这样的哲理真谛；他又根据数学这门学科的特点，制订一套研究方法："又所析理以辞，解体用图，庶亦约而能周，通而不黩，览之者思过半矣！"意思是说，问题解法的理论分析，要用明确的语言表达出来；空间形体的具体分解，要用几何图形显示出来，这样才能做到既简且明，便于理解而判断准确，读者一看，便明白一大半了。

《九章算术》本身提供了许多数学方法，刘徽都把它们详细解剖，使读者看后能够举一反三。例如他在注中对原书关于不同分母的分数相加或相减情况的处理，提出一种"齐同术"："凡母互乘子谓之齐，群母相乘谓之同。同者，相与通同共一母也；齐者，子与母齐，势不可失本数也。"明确地提供分数相加或相减的通分方法。以后他又将齐同术予以发挥引申，用于解方程组：要消去两个代数等式中的某一项，必须先使二等式中要消去的那项数字相同，其各项与它相齐，然后进行加减相消。

《九章算术》中《粟米》章第一术是"今有术"："以所有数乘所求率为实，以所有率为法，实如法而一。"即

$$所求数=\frac{所求率\times所有数}{所有率}$$

今有术实际上就是四项比例算法，而刘徽却对它有特殊的深刻认识，说"此都术也"（都术——通法），他阐述一系列见解，将它演化推广，巧妙地作为一种普遍方法，应用于许多种类型的题目，成为多题一解的范例。

刘徽对方程理论、开立方术等也有独到见解。他勇于探索的精神特别表现在苦寻金针的行动上，为此，千秋万代永志后人心上。

秦九韶——变枯燥乏味为妙趣横生

（数之为用）大则可以通神明、顺性命，小则可以经世务、类万物，
讵容以浅近窥哉？

——秦九韶——

乱世才子

公元 13 世纪到来时，南宋君臣偏安一隅，灯红酒绿，醉生梦死，把
国事、政务抛到九霄云外。这时，北方的蒙古族厉兵秣马，虎视眈眈，
在宋宁宗开禧二年，即公元 1206 年，终于导致成吉思汗建立蒙古汗国的
现实。

眼见赵宋气数将尽，北军步步南逼，而朝廷却依然无所作为，于是
盗匪四起，官叛民变，神州大地一派凋敝衰落景象。

1202 年，四川巴州太守秦季槱喜得贵子。这孩子从小聪明伶俐，很
得父母欢心，秦太守为官多年，虽无特殊功绩，倒也政通人和。公务之
余，诗酒自娱，尤其在教习儿子方面更是下大功夫，只盼望将来能够早
登龙门。

然而，好景不长。1219 年，四川北部一带宋军作乱，攻克巴州等地，
秦季槱弃城逃走，带领全家到达南宋首都临安（今杭州市）。不久，他在

临安先后任工部郎中和秘书少监等官职。1225 年，被任命为四川潼川府知府。

古人说：祸兮福所倚。秦季槱仓皇离开巴州时，一路上流离颠沛，不胜苦楚；到临安时又以失职的待罪之身去吏部报到，心想仕途到此也就结束了。可是，不曾料到，朝廷看重他的才学，却做了京官；另一方面，他的爱子九韶也得以游历各地，大开眼界，在长知识的年纪中，与京都天文历法家、建筑师等人多有接触，大大地丰富了科学技术知识，为一生从事的科技活动打下坚实基础。

秦九韶，字道古，因随父亲两度在四川居住，一般考证为四川安岳人；但由于他的先世祖居山东滋阳、曲阜一带，所以自称为"鲁郡"人。

青年时代的秦九韶对文学、武术、游艺等均有广泛兴趣，在临安时与著名词人李梅亭交往，学到一手华丽的骈俪诗词，颇得时人称赞。1225 年跟随父亲回四川后，先在乡里为义兵首领，接着又当过县尉；李梅亭曾推荐他回临安担任校尉官，但他没有接受而仍留在四川。

1236 年，蒙古军队南下四川，秦九韶开始东撤，曾在湖北等地做官，后来定居于湖州（今浙江吴兴）；1244 年任建康府（今南京）通判；约 1254 年被任命为建康沿江制置司参议，后又在浙江、广东等地做过地方官。

秦九韶一生宦游各地，见闻广博，兼之他思想活跃、生性技巧，因此接受各门学科知识都来得快。他又肯动手、动脑，勤于钻研，所以星象、音律、算术以及营造等事莫不精究，至于游戏、毬、巴、弓、剑等也都样样在行，对文学的修养功底很深。

当时，秦九韶可以称得上是一位通才、全才，无论是社会科学或自然科学，是文学或武艺，他都事事在意，无不通晓，实是不可多得的才子。

中华数书两姊妹

临安城内鱼龙混杂，三教九流无所不容，秦九韶年轻气盛，好学不倦，什么都想学，却又学不过来。不过，在众多学科中，他首先看重数学，数学的功能是无穷的，万般事物全离不开它，他认为，数学的作用"大则可以通神明、顺性命，小则可以经世务、类万物"，怎么可以小看它呢？

当时，朝廷之中担任天文、历法职务的官员都对数学有一定造诣，秦九韶常常利用可能的机会去拜访那些老先生，请求赐教；后来又遇到一位隐居的数学家，从他那儿得益非浅，使数学知识大有长进。

1244 年，秦九韶任建康府通判时，因母亲病故，便回湖州守孝，丁忧期间，主要从事数学研究，1247 年 9 月，写成《数书九章》一书。

秦九韶在《数书九章》脱稿时，回顾写作过程，觉得当时受蒙古军侵扰，年年都在兵乱中度过，正是由于忧患重重，经历过许多实际生活，才体验出原来所有事物全离不开数学的现实，便立意进一步探索数学的奥秘，颇有心得，于是，就写成这部著作。

《数书九章》是一部划时代的著作，其内容有许多开创性成果，所谓"能道前人所未道"，因此，几百年来为中外学者普遍重视，而秦九韶本人也就成为世界数学界名流，跻身于具有开拓性发明的大数学家之列。

《数书九章》着重于实际应用。据秦九韶在书序中的表白，他认为，要说是数学可以通神明、顺性命，这方面自己体会肤浅；可是对于一些小问题，也就是日常耳目所接的问题，倒也积累了不少。于是，他精选了 81 道题，分成 9 类，介绍解题方法，列出算草或画图示意。这部书的特点之一是作者善于结合当地生活和生产需要，使枯燥乏味的数学变得妙趣横生，惹人喜爱和乐于接触，他说过，这些应用题虽然不足于供天下人全部用途，但也可作为消遣。

为了继承前人成果，秦九韶熟读《九章算术》，并理解深透。在提炼、发挥的基础上，突出了对《九章算术》的理论性升华，因此，后人将这两部巨著比拟为中华数书两姊妹。

《数书九章》内容丰富、论说新颖，又由于这 81 道题构思风趣、引人入胜，所以深受历代学者的喜爱。《数书九章》共九章，分述九类问题，它们是：

一、大衍：大衍是哲学名词，借用于讲述一次同余式组问题。

二、天时：讲天文、历法以及气象中的数学问题。

三、田域：各种田亩的面积计算问题。

四、测望：各种测量问题。

五、赋役：各种赋税和用工的数学问题。

六、钱谷：征购粮食和建设仓库的数学问题。

七、营建：土木建筑工程中的数学问题。

八、军旅：军营、阵形的布置和军需供应的数学问题。

九、市易：商业方面的交易和利息的有关计算问题。

天下第一案

　　米店失盗了。总共被偷去多少米，老板也说不清楚，他向县官报案时说："我的米用三个箩装，每箩正好都装满，数量一样，可是记不得是多少。现在靠左墙那箩只乘下一合，中间那箩剩一升四合，靠右墙那箩剩一合。"不久后将小偷抓到了，县官审讯这甲、乙、丙三贼，问他们各偷去多少，都回说，拿回家就开始吃，说不上吃了多少。再问："你们是怎么偷的？"甲说："那天晚上，我摸到一个马勺，便往左箩里舀米，每次都舀满了装进布袋。"乙说："我踢着一只木鞋，用它在中箩里舀米装袋，每次也都舀满。"丙说："我碰到一个漆碗，往右箩里舀米装袋，每次也都舀满。"于是，县官派人把这三件物品找来，进行标定的结果是：马勺装满为一升九合，木鞋装满为一升七合，漆碗装满为一升二合。就这样，县官断出米店失盗的米数，也分别得出甲、乙、丙三贼所偷的米数。

　　以上是一则关于县官断案的故事。由于古今中外多少清官贤吏，他们曾经破解了那么多疑难案子，可是从来也没有遇到过类似这样数学入案的讼例，所以这个案件可以称得是"天下第一案"。

　　其实，这则故事是秦九韶讲的，他也提出断案的方法和过程。

　　人们注意到，如果知道每箩原来所装米数，那么问题可以迎刃而解，可是老板却说记不得是多少。另外，箩的体积又相当大，虽说"每箩正好都装满"，但也很难说当初装"满"到什么程度，看来，重新标定至以

51

合为单位的误差必然很大。因此，秦九韶在拟定这道名为《余米推数》的题时，不去追求每箩原来所装的米数。

实际上，这是要求回答这样一个问题：

某数被 19、17、12 除得的余数分别为 1、14、1，求该数。

按现代数学语言，设 N 为每箩米数，x、y 为某正整数，便有

$$N=12 \cdot 19x+1=17y+14$$

即要求解以下方程：

$$228x-17y=13$$

于是，问题也可改写为：

某数被 228、17 除得的余数分别为 1、14，求该数。

约在公元 1 世纪至 3 世纪间，我国有一部《孙子算经》曾提出一种解决这类问题的方法，应用一则后来被称为"中国剩余定理"的定理：

若某数 N 分别被 d_1、d_2、……d_n 除得的余数为 R_1、R_2、……R_n，则 N 可表示为下式：

$$N=K_1R_1+K_2R_2+\cdots+K_nR_n-ql$$

式中　K_1——d_2、d_4……d_n 的公倍数，而被 d_1 除得的余数为 1；

K_2——d_1、d_3、……d_n 的公倍数，而被 d_2 除得的余数为 1；

…………………………………………………………………

K_n——d_1、d_2、……d_{n-1} 的公倍数，而被 d_n 除得的余数为 1；

q——根据题意确定的整数；

l——d_1、d_2、……d_n 的最小公倍数。

应用这则定理在于求出 K_1、K_2、……，人们为探明它们的求法经历了将近一千年，直至秦九韶在《数书九章》中介绍他发明的"大衍求一术"问世，这才如见天日。

对于《余米推数》题，K_1（17 的倍数，而被 228 除得的余数为 1）等于 2737，K_2（228 的倍数，而被 17 除得的余数为 1）等于 1140（读者如对大衍求一术感兴趣，可参阅本书作者所著《不定方程趣谈》一书，

该书为 1979 年辽宁人民出版社出版），代入中国剩余定理得

$$N=2737\times1+1140\times14-q\cdot228\cdot17$$

即 $\qquad N=18697-3876q$ （应取正数）

秦九韶在《数书九章》中给出答案："共失米九石五斗六升三合；甲偷米三石一斗九升二合；乙偷米三石一斗七升九合；丙偷米三石一斗九升二合。"系取 N 的最小值：q＝4，N＝3193 合。

故弄"玄虚"

在一座圆形城堡前，两个朋友相遇了。

"这座圆城的周长和直径是多少呢?"甲忽然向乙提出问题，使得乙不知所措——常在城里走动，却从来没有想过这问题。

于是，甲提议采取测量的方法解决：出北门往正北三里处不是有一棵大树吗？我们二人一起出南门便朝东走，一边走、一边往西北方向回看，一直走到恰好能望见那棵大树为止，那么，就能够算出城径是多少；再用城径乘以圆周率（可近似地取为古率了），也就得到周长了。

秦九韶根据以上设想拟了一道《遥度圆城》题："问有圆城不知周径，四门中开。北外三里有乔木，出南门便折东行九里，乃见木。欲知城周、径各几何。圆用古法。"

根据秦九韶的答案，城的直径为 9 里。他所给的最后方程是一个不含奇次项的十次方程，解十次方程叫做"开玲珑九乘方"。方程为

$$x^{10}+15x^8+72x^6-864x^4-11664x^2-34992=0$$

不想在《数书九章》问世五百多年后，清代数学家李锐（1769—1817）却指出"此题非甚难者，乃取至九乘方，盖未得其要也"。意思是说，这题并不难，却建立了十次方程，是因为他没有掌握建立方程的要领。于是，李锐提出他的方法：见图 25，出北门 A，向北走三里有乔木

B；出南门 C，一出门就往东，走九里至 D 见木，即 BD 为圆城的切线。如果求出直径 x 也就得到周长了

见图 25 的下图，切点为 E，则因 $\triangle BCD$ 与 $\triangle BEO$ 相似，故有

$$BD：BO = CD：EO$$

即

$$\sqrt{(a+x)^2+b^2}：\left(a+\frac{x}{2}\right) = b：\frac{x}{2}$$

整理得

$$x^4 + 2ax^3 + a^2x^2 - 4ab^2x - 4a^2b^2 = 0$$

这样，用 $a=3$、$b=9$ 代入得方程：

$$x^4 + 6x^3 + 9x^2 - 972x - 2916 = 0$$

解得 $x=9$，即城径 9 里，城周 27 里。

于是，李锐用四次方程代替秦九韶的十次方程，确实是简单多了。

不过，李锐如果进一步观察这个四次方程，便可知道，当 $x=-a$ 时，等式左边等于零，可去掉因子 $x+a$，那么，四次方程则可简化为三次方程：

$$x^3 + ax^2 - 4ab^2 = 0$$

用 $a=3$、$b=9$ 代入得方程：

$$x^3 + 3x^2 - 972 = 0$$

既然如此，那么，如果秦九韶不是像李锐所说的那样"未得其要"，也就是在故弄"玄虚"，到底是怎么回事？另一方面，他又是用什么办法得到那个十次方程的呢？

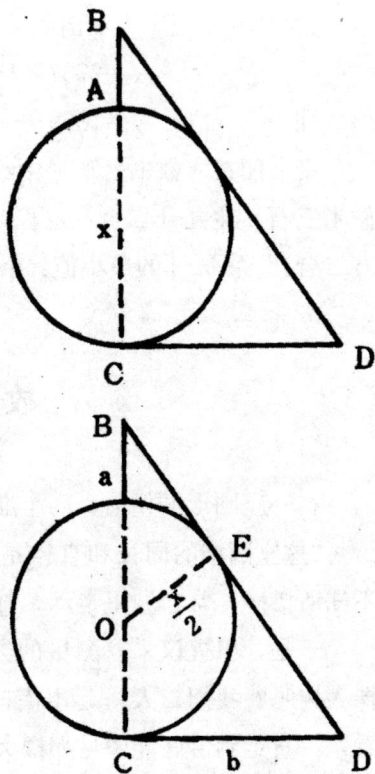

图 25

一鸣惊人

话说北宋期间，任宰相的才子王安石在某年秋天写首《咏菊》诗，头两句是：

西风昨夜过园林　　吹落黄花满地金

正好苏东坡去王家做客，看了这诗句，心想，菊花在深秋开放，与春天开花的桃、李不同，只会在枝上枯萎，哪能被西风吹落？分明是作者缺乏生活经验。于是，便续了两句：

秋花不比春花落　　说与诗人仔细吟

王安石见了也不声响。不久，苏东坡被派去黄州工作，亲眼看到那儿的菊花却是被风吹落地的，顿时恍然大悟。

一件作品的形成通常需要作者经过深刻构思才能得到，他人切不可未经慎重理解就妄加评点。幸好，王安石向后人做了交待，免除对他脱离实际的讥议。然而，秦九韶则不同，他的《遥度圆城》的解法中为什么弃简就繁，并没有剖白，果真是没有找到更加简化的方法吗？

明显地看出，他那十次方程降为五次方程是轻而易举的，只需用 y 代替 x^2 即可，但他为什么又不这样做呢？

秦九韶的本意究竟如何，不得而知，因为他没有留给后人以建立方程的步骤或思路。不过，有一种比较合理的解释似乎容易被人们所置信，这种解释联系到他的一项重大创见。

对于解高次方程

$$f(x) = a_0 x^n + a_1 x^{n-2} + a_2 x^{n-2} + \cdots\cdots + a_{a-1} x + a_n$$
$$= 0$$

许多前人有过深入探索的经历，秦九韶总结和发扬了以往的开方法，有系统地应用到任意次方程的有理或无理根的求解上去，形成一套完整的体系——后人称为"秦九韶求实根法"。

秦九韶将自己的方法称为"正负开方术"，这个影响深刻的发明一鸣惊人，解决了许多实际应用问题。而在西方，同样方法是英国人霍纳（1786—1837）在 1819 年首次发表的，称为"霍纳法"，比秦九韶晚572 年。

秦九韶在《数书九章》中构造了 21 个用方程求解的题目，这些题目牵涉到 26 个二次或高于二次的数字方程，方程原题实用、有趣，也包《遥度圆城》这个十次方程。那么，人们有理由揣测，秦九韶是为了举一个相当高次的例子，特地造出一个十次方程，以说明应用正负开方术解高次方程的普遍意义（关于"秦九韶求实根法"，可参阅本书作者所著《中华古数学巡礼》一书，该书为 1984 年辽宁人民出版社出版）。

至于那个十次方程是用什么办法得到的，对秦九韶来说，拟就《遥度圆城》这道题就是煞费苦心的。不过，秦九韶智慧过人，又"性极机巧"，能够设计这样一个方程，也是在人们意料之中。人们设想，他可以用 x_2 表示三次方程中的 x 便有

$$x^6 + 3x^4 - 972 = 0$$

这样，他可以用任意一个含四次项的因子去乘以上方程，而他是用 $(x^2+6)^2$ 去乘的，便有

$$(x^2+6)^2 \ (x^6+3x^4-972) = 0$$

展开后得到前面那个十次方程。

但是，这种构思毕竟牵强附会，于是，有不少人对《遥度圆城》的建立方程思路进行探讨，用图 26 的方法是比较精彩的一例：

设圆的直径为 x_2，过 O 作 CD 的平行线 OG，由 $\triangle OEB$ 与 $\triangle GOB$ 相似知

$$OG = \frac{\left(\frac{x^2}{2}+a\right)\frac{x^2}{2}}{\sqrt{a\ (x^2+a)}}$$

又从 $\triangle GOB$ 与 $\triangle DCB$ 相似知

$$OG = \frac{\left(\dfrac{x^2}{2}+a\right)b}{x^2+a}$$

由 OG 的两种表达式得到

$x^4\ (x^2+2a)^2\ (x^2+a)\ -4ab^2\ (x^2+2a)^2=0$

用 $a=3$、$b=9$ 代入就得到以上秦九韶提供的十次方程。但是，这种方法也难说能与秦九韶的愿意相符合。

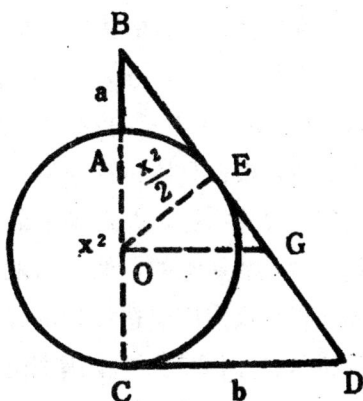

图 26

土木工程师

秦九韶早年跟随父亲到了京都，这临安城里车水马龙，极尽人间繁华。当时，他虽然也算是一个公子哥儿，多少感染一些官宦人家子弟的习气，可是，他是个有心人，对社会上各种生活和景观事事在意。

临安给人的一种特殊印象，就是房屋建筑鳞次栉比，那些堂榭楼台的雕梁画栋，委实令人目不暇给，对于秦九韶这样一个好学勤问的青年，关于土木建筑的机理和学识，自然不肯放过。他的父亲在临安时，当过一段时期的工部郎中（相当于现代建设部的中级干部），这正是他学习房屋建筑设计和施工技术的极好机会。因为工部职掌天下城郭、宫室、舟车、山泽、苑囿、河渠之政，而工部郎中又是具体管理营缮等方面工作的，因此，秦九韶既有机会阅看到民间难觅的建筑书籍、接触朝廷中广闻博见的建筑设计大师们，又有机会观赏到京都各处的著名建筑物、到施工工地去了解各项营造技术。就这样，秦九韶积累了丰富的土木建筑知识，在理论和实践方面均有很深造诣。

在城池、高台的建造结构上，秦九韶采用坚固可靠又合乎力学概念的"石基、木骨、土心、砖包"型式，为了使读者有定量认识，他在《数书九章》第七章中专论营建计算；对于通往高台的梯道，他设计了螺旋盘道，根据具体布置的特征，详细介绍了周长、梯宽、平台规格、履高等的尺寸指标，并对梯道的转向、升坡等布设也做相应描述；塔的构造是秦九韶熟悉的，他突出地采用塔心木为主要承重构件的方案；秦九韶还很注重推广建造浮桥的经验，他想到"行师遇水，须计蔑缆，搭造浮桥"，专门拟就了《陡岸测水》题，论述有关计算事宜。称为土木工程师，他是当之无愧的。

房屋建筑是秦九韶最拿手的项目，在《数书九章》的《临台测水》题中，附有建筑物的侧视图，有直棂窗、栏杆、台基石等各细部描绘。后来，他在湖州定居时，选择一处环境优美的所在，自己设计和建造了一座七开间的住宅，装饰非常精美，有砖砌的瓦脊、两罦（屋脊两端鸥吻）、搏风（屋顶山墙的装饰）等。

在建筑施工方面，对材质选用、工料预算以及运输计程等也都有别出心裁的独到见地。在施工过程中，他会经常将遇到的问题与数学联系起来，并巧妙地拟就兴味盎然的趣题，例如有一道《推计土功》题是这样的：

有一项筑堤任务，要求筑宽 2 丈的堤一段，由甲、乙、丙、丁四县平均分摊。各县民工数由该县财力多少确定，按每 770 贯出一名计；已知甲、乙、丙、丁各县财力分别为 138600 贯、146300 贯、192500 贯、184800 贯。规定每名民工每日修堤的底面积应达 60 平方尺；并说明民工先到的县先动工。现在已知施工进度为：当甲、乙两县完工时，丙县尚差 51 丈，丁县差 18 丈，这两个数都不到他们各自一日的工作量。问堤段任务的总长是多少？

这道题可归结为这样的问题：

某数为 18 和 19 的倍数，被 25、24 除得的余数分别为 17、6，求该数。

于是，秦九韶所发明的大衍求一术就派上用场了。不过，题目的答案有无穷多个，而一般情况下是取最小的那个数。

继承与发展

某日，秦九韶与友人在一楼台上饮酒赋诗，观赏周围景色。在酒酣耳热之际，步出户外，凭栏眺望，谈起前人有关测高望远之术，兴味甚浓。对于刘徽的名著《海岛算经》，他是神通心至的，他认为，《海岛算经》的学术水平固然很高，但它拘于"用矩之道"，有一定的局限性，而如果能够加以灵活变通，并予扩充发展，那么，必定会有更广泛的应用性。

于是，他即兴地指着楼台外那道小河说："就拿小河的流水看，如果水位高低经常变化，要知道水面升降和漫堤的情况，只需有少量固定标志的尺寸，人在楼台上，便可以随时测出所要求的有关数据。"当时，他拟了一道《临台测水》题（见图27）：

水边有一座城台，台高（AB）3丈，在上面建楼；在护坡上打桩，桩离台脚（CB）1丈2尺，露出地面（CD）5尺，顶端与台脚齐平。涨水时，水位达到与台脚一样的高度。现在不知道水退去多少，有一个人从楼上栏杆空隙处挑出一根竿子，竿的端部（A）与台脚构成垂直方向，望到水边（G），视线通过竿的端部，这时，人站立的地方离竿端（AE）4尺1寸5分，眼睛离楼面的高度（FE）5尺。那么，水退去的深度和台脚至水边的斜长分别为多少呢？

秦九韶给出的答案是：水退去的深度为 $15\frac{135}{157}$ 尺，台脚至水边的斜长为 $41\frac{37}{157}$ 尺。

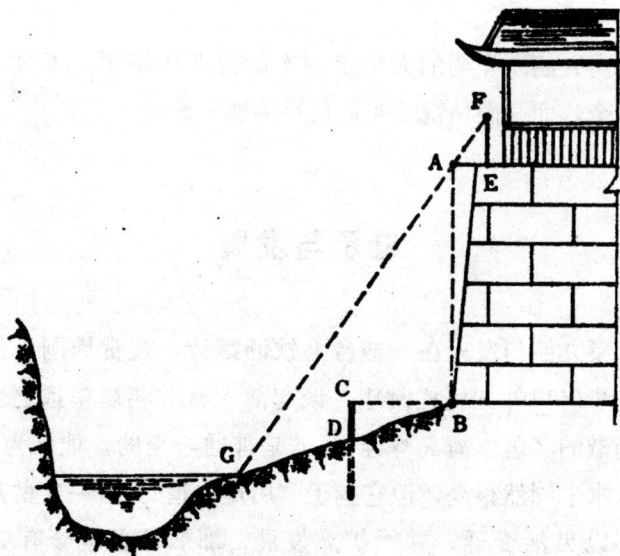

图 27

秦九韶继承了前人的测望术，并发挥自己的创造性，在《数书九章》第四章中专论有关测望的数学问题。他除了引用重差术的理论之外，着重地沟通了测望术与代数学之间的关系，特别是加强了数字高次方程解法的研究，如《遥度圆城》题中所构造的十次方程便是一例。

对于测望术的示例，类似《遥度圆城》处理方式的并非个别，例如在《望敌圆营》题解中，他得到一个数字复杂的四次方程：

$$-x^4 + 1534464x^2 - 526727577600 = 0$$

显然，这个方程不含奇次项，可降为二次方程求解，但秦九韶却不这样做。

不过，在《望敌圆营》题内，由于秦九韶在建立方程的步骤过程中有疏误，所以虽然求出的根值 720 是正确的，却不是本题的解。

三斜求积

临安城是南宋的政治、经济、文化、科学中心，虽然宋朝气数将尽，统治阶层日益没落腐败，但是正常吏治仍然是要进行的，州府的建设方案和措施还是依靠朝廷的有司给予指导。

当时，天下的田地面积要进行普查测量，就联系到计算田亩的问题。对于三角形面积，历来的传统方法是按照《九章算术》的"圭田求积"的公式计算，这公式就是人们熟知的"底乘高的一半"。

在《九章算术》问世前几百年，早已经传有"过直线外一点作该线垂线"的技术，确定三角形某边的高是不成问题的。但是，在实践中逐渐发现"圭田求积"公式的局限性：测量"高"的操作过程繁琐，又容易出现较大误差；还有某种困难条件，譬如说，这块土地上有障碍物（树、土堆、水坑等）无法作出垂线，就不能得到三角形面积。

在与进京的地方官接触时，秦九韶不止一次地听到基层人员诉说的苦衷，于是他想，如果避开作垂线的工序，径用三角形的三边长度计算，那就方便多了。秦九韶根据"三角形的三边长度一旦确定，三角形本身也就确定"这样一个原理，经过悉心研究，终于推导成一个用三边表示的三角形面积计算公式，写进《数书九章》的第三章中。他拟了一道著名的《沙田求积》题，全文如下：

"问沙田一段，其小斜一十三里，中斜一十四里，大斜一十五里。里法三百步。欲知为田几何？"

秦九韶将三角形的三边分别称为小斜、中斜和大斜，绘一幅图（见图28）；说明1里等于300步，求得答案为"田积三百一十五顷"（1顷＝100亩，1亩＝240平方步）。

秦九韶推导的"三斜求积"公式后来被称为"秦九韶公式"，以现代

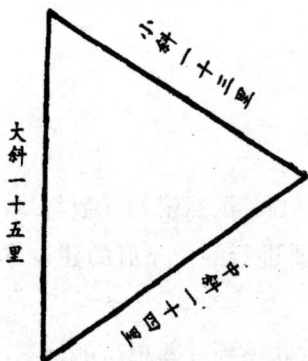

图 28

数学符号表示：S 为面积，a、b、c、为三边，就是

$$S=\frac{1}{2}\sqrt{c^2a^2-\left(\frac{c^2+a^2-b^2}{2}\right)^2}$$

以 a、b、c 取值为 13、14、15（不一定按大、中、小的顺序），代入公式即得 $S=84$。

秦九韶公式与西方所用的海伦公式比较，形式上不如后者优美，但在某些应用范围，却表现出解题能力的独特性。19 世纪美国数学游戏大师洛伊德（1841—1911）在一篇《湖泊的难题》文中写道："……莱克坞拍卖市场正在拍卖一块土地，可是由于在交易中出现了一个不寻常的难题，使我空手而归。……这是有三块正方形的田地，中间还有一个三角形的内湖（图 29，图中未标明面积单位），既然湖泊与土地要同时拍卖，我和其他竞争者一样，都想算一算它的面积究竟有多大。……计算并不难，我的结果是一个不尽小数，而卖主却说是整数。就这样相持不下。……"

据以下海伦公式，需无求出 a、b、c 和 p（三角形周长之半），这几个数便不是整数。

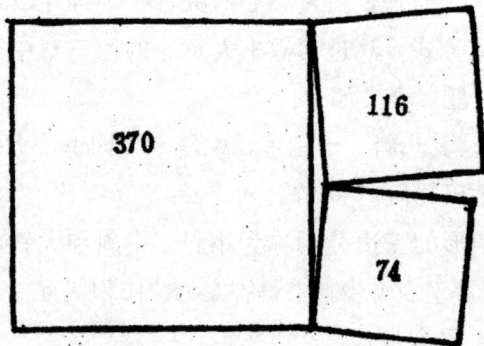

图 29

$$S=\sqrt{p\,(p-a)\,(p-b)\,(p-c)}$$

用海伦公式求得 S 等于 10.988……而用秦九韶公式计算过程简单很多，且能得到整数（是准确的数）11。

《沙田求积》题提供了 13、14、15 三个数，它们能使 S 成为整数 84，这也是极不容易的。后人将边长为相继自然数、面积为整数的三角形称为"秦九韶三角形"，那三边的数称为"秦九韶数"。构造"秦九韶三角形"表明秦九韶的高度智慧，如果利用"秦九韶公式"作一番巧妙的演化，就可以求得各组"秦九韶数"为 3、4、5，13、14、15，51、52、53，193、194、195，……相应的"秦九韶三角形"面积为 6，84，1170，16296，……

一错再错

秦九韶生性机灵，思想敏捷，他的许多名题都是触景即兴而就，妙趣横生。但是，往往由于求成心切，思索欠周，将题目和解法确定下来之后，未能进一步做慎重的校核，以致屡屡出现疏误，使得后人对他的著作作注时费煞脑筋，这也是他作为一位大数学家所欠缺的一面。

一日，秦九韶漫游佛寺，在一座高塔前面，听得众人议论纷纷，大意是说，这座塔太老旧了，再不维修，不久后就会倒塌，可是，最重要的是更换塔心木，人又不能进危塔中测量，那么，塔心木得按多高备料呢？

秦九韶听着，经过一段时间的思考，认为这问题还是好解决，他拟了一道《表望浮图》题（表—竿，浮图—塔），并且画了一幅《望塔图》（图30），叙述题文大意如下：

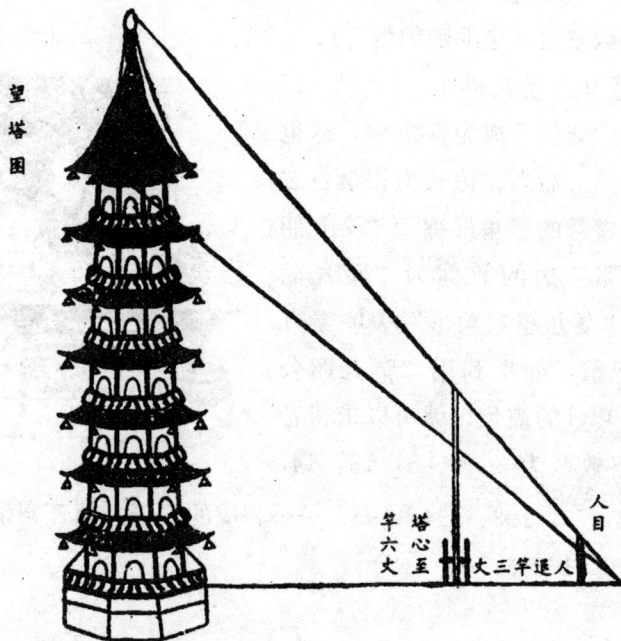

图30

要换塔心木，不知它有多高，怎么办呢？可以利用离塔心6丈处的一根竿，虽然不知道竿高，但离地9尺2寸起，在竿上钉有扒钉，直至竿顶，共钉14枚；每枚长5寸，相邻两钉的下端之间距离为2尺5寸；人沿塔、竿直线后退，退到人目、竿顶、塔尖在一视线上时，人离竿3丈；这时，又望塔盖的下端，视线截第七枚（从上往下算）扒钉的上端；又知人目离地4尺8寸，塔心木下料长度要多出3尺供榫卯剪截用。问塔的全高、塔盖高、塔心木下料长分别为多少？

从秦九韶所绘的《望塔图》看，视线的位置是错误的。按题所述，这两条视线应交会于人目，但图中所画却交于地面。

计算图应如图31，所求三数是 x、y 和 z（z 应另加3尺）。这样，y

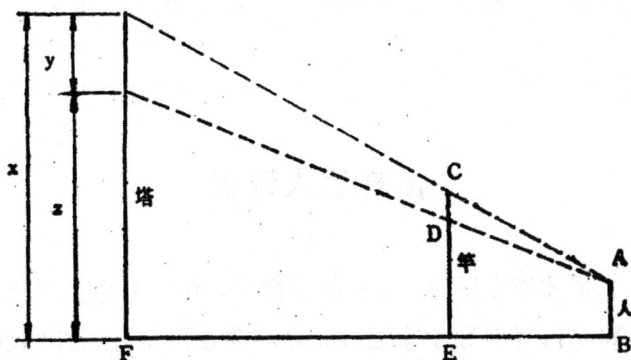

图 31

等于 $\dfrac{CD \cdot BF}{BE}$；可是，秦九韶却误 BF 为 EF. 一错再错，以致答案也不对了。可惜如此灵活生动的一道题，却由于作者的疏忽成为败笔。

在《数书九章》中，还有一些构思新颖的题目，在推导或演算过程中有这样或那样的纰漏出现，这都是秦九韶粗心大意或学识不够所致。《圆罂测雨》题的大意是：图 32 的圆罂积雨水深 h，那么，折算为平地的深应为多少？

这道题的解法和答案都是错误的。甚至连更简单的一道《竹器验雪》题，其解法和答案也是错的，这题见图 33，大意是：竹笭内积雪深 h，那么，折算为平地的深应为多少？

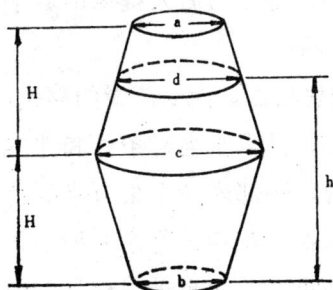

图 32

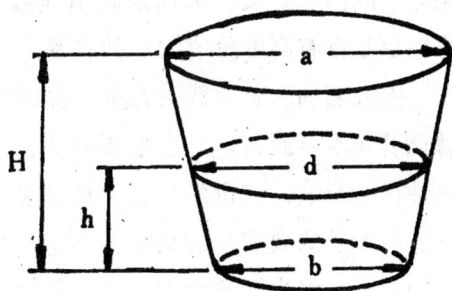

图 33

其他如《望山远近》、《望敌圆营》、《陡岸测水》等题，也有程度不同的错误。

留与后人评说

秦九韶以他才华洋溢的一生贡献给数学，深得后世数学家们的推崇。他之所以能跻身世界名数学家之林，是因为在许多开拓性的理论和实践问题上，他有独到的见解，并创造性地发挥自己的论点；他的许多成果具有先声夺人的效果，因此，使当时的中国某些数学方法得以在世界同行中处于遥遥领先的地位。

秦九韶的力作《数书九章》继承并发扬了《九章算术》问世以来的我国数学传统，内容丰富多彩，论点别致，能够推陈出新。尤其难能可贵的是，他能够道前人所未道，多有创造发明，其中大衍求一术、正负开方术、秦九韶数等各具特色，几百年来一直为人们所乐道。

秦九韶在数学研究方面突出实用性，取材大都得自社会经济、文化、科学、技术各范畴，他深入民间和官场实际，很了解人们需要的是什么，因此，善于将枯燥乏味的数学用妙趣横生的笔法表述出来，这点是其他任何数学家都比不上的。而且由于他的努力，其作品作为应用数学的范例，它的内在意义已远远地超出纯数学的有限天地，为后人提供的数学思想更是富有高度价值的一种启发。

秦九韶的名著《数书九章》说理透彻、构思巧妙，深受读者的喜爱，就该著作本身而言，它已取得极大成功。但是，局限于当时条件和他本人性格的影响，它也发生过一些差错。有人说，一部洋洋十余万字的著作，所涉及的数字又极繁复，当然，鲁鱼亥豕在所难免。这是一种不合适的宽容，因为对数学家来说，严谨二字最为重要，丝毫错误都是不应该原谅的。不过，经过历代注家厘定，所有错误都已经指明，并提出改正方案。

《数书九章》题文所记大致是真实的，不单是事件本身，而且所用数值也约略符合实际情况（例如某些建筑数据）。但是，也有个别题目为了计算需要而采取虚构数字（例如三角形田地的边长取用 15 里），有人提出《圆罂测雨》题的答数过大（一次降雨量超过杭州三十年间全日最大降水量数倍），是脱离实际，不过，这类苛求似也不必要。

秦九韶的《数书九章》传世至今，仍然熠熠生辉。至于其中缺陷如何，作为千秋功罪，留与后人评说吧！

秦九韶才能出众，免不了招致一些人的嫉妒，但他自己行为也不检点，又与当时的奸臣有瓜葛，因此进入仕途后时常遭到谴责，甚至谩骂。1260 年，他受到政治上的牵连，被贬谪至梅州（今广东梅县）当地方官，正好要离家的那一天，大堂上的主梁突然中断。这根梁的跨度有七丈，是他非常大胆的一项设计，选用进口上等木材（一本书中介绍秦九韶在湖州建造"极其宏敞"的住宅时，这根梁所用木材是"求海筏之奇材"）制造。主梁中断，家人都说这是不祥之兆，可算是一种巧合，第二年（1261 年），他就在梅州去世了。

笛卡儿——数学王国一小兵

正如阳光普照万物,我们的智慧和学识在处理各种不同对象时也是一视同仁的。

——笛卡儿——

分道扬镳

"后会有期!"梅森再一次紧紧地拥抱着比自己小八岁的同学笛卡儿,然后转过身去,恋恋不舍地移动脚步,跨上街头的那座小桥。

笛卡儿茫然地望着桥的那一端,在熙来攘往的人群中,那个亲切的身影消失了。

在昂儒的拉弗莱希,他俩同在当地耶稣会学校学习,成为同窗好友。这座平平淡淡的城镇小桥,是多么值得留恋和记忆的啊!少年笛卡儿和青年梅森的黄昏有多半是在这儿度过的,对知识的追求成为他们二人志同道合的源泉,但是,他们还是小孩子,这五光十色的世界里蕴藏着那么多奇境,他们连百万分之一的景色都未曾窥见,而对科学的爱慕却是何等情急和情深呀,他们互相切磋、勉励,期待在长大成人后不至于辜负自己的韶光年华。

然而,人有悲欢离合,此事古难全。无论梅森心里有多么不愿意与幼弟般的笛卡儿离别，但他的学业已经结束，自然得向更高层次的目标进发。

"那么，你今后有什么打算呢？"尽管笛卡儿还是个年仅十一岁的孩子，但是在与挚友分手时，也会像一个大人似地问起对方的前程。

"我希望将来成为一个学识渊博的神甫。"这也许是在小笛卡儿意料之中的回答。笛卡儿心目中的梅森哥哥是好样的，是有志气的，这正符合当时的风气：凡有志之士，不是致力于宗教，就是献身于军事。

"那么，我自己呢？"笛卡儿也有自己的抱负，他想："也许我将来会成为一名出色的兵士？"

可是，老笛卡儿对儿子的期望却与之大相径庭，从 1596 年 3 月 31 日小笛卡儿呱呱坠地的那天开始，身为著名律师的父亲就有意地将儿子培养成能够师承父志的法学家。

笛卡儿降生于法国西部土伦省的小城拉哈耶，八岁时被送入拉弗莱希的耶稣会学校学习了八年，随后进普瓦界大学。他果然不负父亲所望，1616 年大学毕业后便到巴黎当了律师。

笛卡儿从小就喜欢书，博览各门学科的著作，他曾自述："别人学的，我都学了。我并不以此而满足。那些被认为是最奇怪、最不寻常的各种学科的书，凡是我能搞到的，我都把它们读完。"然而，他不满足于书本上的知识，他要走出去，去到沸腾的生活中寻找学问，去探索大自然，去了解人和社会，因此，他又曾经这样说过："我把自己余下的青春用在旅途上。我研

究宫廷的军队里的人。我和各种不同社会地位、不同性格的人交往。我又收集各种经验，并在命运安排的各种境遇中考验我自己。凡我所体会到的一切我都详细研究，目的是从中引出有益的东西。"

就这样，笛卡儿放弃了律师职业，他决心走入生活，以便将书本上的知识更好地与实践相结合，使所获得的知识臻于完善和全面。

于是，在 1617 年 5 月，笛卡儿投身奥伦治公爵的军队，立志在军旅生涯中展示才华。

勾起旧日情愫

情投意合，这是建立友情最起码的条件，笛卡儿和梅森也不例外。他们二人天生地对数学表现出特殊的兴趣感，都称得上是数学迷。在相处的日子里，尽管笛卡儿年纪幼小，但是一遇到某些解不了的课题，便会悉心钻研，常常思索到寝食俱废；梅森也是如此，不过，他肩负着双重任务，不但自己学习，还得经常为笛卡儿释疑。就这样，他们之间的结交可以说是以数学为桥梁的，对笛卡儿来说，他已经与数学结下不解的情缘，难舍难分了。

多么诱人的数学啊！笛卡儿与它魂牵梦绕，作为法律系学生、作为律师，一直到了作为士兵的年代，他始终没有将它冷淡。

也就是在笛卡儿投笔从戎的那个月份——1617 年 5 月，奥伦治公爵的队伍正驻屯在荷兰南部的布勒达城。这天，笛卡尔在公暇之余，见营房之外风和日丽，便信步街头，观赏异域景致，果然川流不息的红男绿女别有一番情调，不觉流连忘返。

笛卡儿漫无目标地蹀躞闹区，忽然听得前方人声鼎沸，出于好奇心，便随着人流趋前探询。只见众人在一堵墙壁前围观一张榜文，在指手画脚、议三论四。那招贴是用荷兰文写的，这个法国大兵自然"目不识丁"，情急之际，拉着旁边的人问了起来，可是荷兰人又不懂法国话，任凭他嗷嗷大喊，却无片语回报。

等到他猛然省悟过来时，自己也不禁哑然失笑了：你呀，好糊涂！法国人看不懂荷兰字，难道荷兰人会听懂你的法国话？

他无可奈何地转过身。只见有一人正分拨人群，迎他走来，这人拍拍他的肩膀，指着墙上贴的那张榜文说："喂，小伙子，让我告诉你，那上面写的是什么事。"

在笛卡儿面前的这位"知音"使他喜出望外，真可谓是"他乡遇故里"，其乐不可名状。他端详着这个在荷兰国土上说法国话的长者，潇洒大方，谈吐清雅，俨然一派学者风度，不由得肃然起敬，当下回话："请先生指点。"

原来，当时数学家对一时解答不了的问题都采取向广众征答的方法求解，通常称为"挑战"，在欧洲已蔚成风气。当笛卡儿得知这是数学挑战书之后，不觉技痒，便请对方翻译并做下记录。

那位"翻译"注视着这个跃跃欲试的兵士，不以为然地照做了。

仅用不长时间的揣摩，数学难题就被揭破了。竟有这样的奇迹？当笛卡儿将答案交给那位"翻译"时，后者顿然一惊，转而又盛加赞许，便邀请这个年轻人到家中叙谈，果然话语投机。从此两人缔交，笛卡儿一有闲空，就成这家的座上客。

这位"翻译"就是当地有名的多特大学校长毕克门，也是一位数学界名流。毕克门不惑地问笛卡儿："你既然在数学方面有如此才能，何不脱离军界，专门就习数学？"

这一问使得笛卡儿啼笑皆非，当下哑口无言。是啊！他也在反问自己：这是为什么呢？本来自己是与数学缠绵缱绻的，却为何弃它而去？而如今进入行伍还不多时，难道又要改变初衷，重新返回昔日曾经为之焚膏继晷的数学奇境中去？应该怎样抉择呢？

但是，不管怎么说，笛卡儿本来对自己的水平并未估计过高，经过

此事，他相信自己看来是有数学才能的。于是，从此之后，他益发认真地对待数学的探索和研究了。

梦魂所寄

数学可以说是一门绝无仅有的奇妙的学科，说它简单吧，的确简单而普及，人人都懂得一些；说它复杂吧，可真复杂而高深，有些命题历经数百年而不得破秘。从另一个角度看，在所有自然科学的学科中，去研究它是最简便的，例如物理学研究需用仪表、化学研究需要药剂、地理学研究得去旅游，天文学少不了望远镜、生物学离不开显微镜……至于数学，只需纸笔就足够了，也免除了房室、场地的限制，对环境、条件无苛求，随时随地都可以通过思索、手写去探求和发现千变成化的玄机妙理。

当然，对任何学科的研究，熟悉它们的历史以及前人成果是必不可少的，也要具备一副清醒而敏锐的脑子。笛卡儿深知这一点，他从幼童以至青、少年时代一直是嗜书成癖，也曾广读博览，以使学力根深蒂固；至于天资如何，因人各异，况且有勤能补拙的措施，笛卡儿得天独厚，聪明机灵，自是研究数学不可多得的天才，他又能奋勉自励，这样，来日驰骋数学原野的众多勇士之中，必定缺少不了他。

对于数学这样一门奇妙的学科，研究它具有特殊的简便性，这就使得笛卡儿在戎马倥偬之际仍能与它厮磨。只要有一息闲余，他的脑子就要开动起来，总是在无休止地思考着，从这个问题转向另一个问题，这也已经成为习惯。

1619年，笛卡儿所在军队驻扎在德国慕尼黑之北的诺伊堡，这地方傍着多瑙河，风光旖旎，看不尽赏心悦目的秀丽景色，精神大为振奋。在这儿几个月时间内，他终日沉迷于数字、符号、图形之中，同时，又在醉心地考虑到哲学与数学究竟存在着什么样的联系，终于确定，必须寻找在一切领域里建立真理的方法，可是，这是不可思议的难点，这种构想总在折磨着他，使他的心情总是处于极度紧张和兴奋之中。

笛卡儿所思考的建立真理的方法联系到一切事物的变化因素，他从生活的细微之处见到一种因素对另一种因素的影响，这现象启发他使用哲学的观点去研究数学。要在数学内涵的条件下找出各种影响因素之间的联系，也许，这样就可以开拓出一条前人未曾踏出的路径，朝着那条道走，可能光明就在前头。

1619年11月10日晚，笛卡儿在脑子相当活跃的情况下入睡，就在这个夜里，长期积蓄在脑际的材料得到归纳、分类和筛选，一一涌现在梦境之中。接连出现的三个梦，使他悟出数学的巨大力量，原来自己所寻找的建立真理的方法就在于无限扩大数学的应用，他清楚地看到，数学方法超出它的对象之外，他认为："数学方法是一个知识工具，比任何其他由于人的作用而得来的知识工具更为有力，因而它是所有其他知识工具的源泉。"

第二天，他回忆梦境的启示，自觉从此开始懂得这"惊人发现的基本原理"，他所说的"基本原理"实质上就是提倡建立数学方法，进一步去开垦若干尚未被发现的处女地。

在这短短的两年多时间内，笛卡儿的参军初志被动摇了。与毕克门校长的邂逅相交，以及"河畔悟梦"促使他改变自己的生活，选择了另一条人生道路，致力于科学哲理的探索。于是，他在 1621 年脱离军队，到荷兰、瑞士等地游学多年，旋又回到巴黎，潜心钻研望远镜等光学器械的构造和制作，以应当时蓬勃兴起的天文学的需要。

重逢故友

笛卡儿孩提时的同窗故友梅森按照他自己的初衷走进预定的生活圈子里去了。1611 年，他刚满 23 岁就进了修道院，决心在孤寂、淡泊的精神世界里静静地思考一些问题，企望着能用自己的才华造福人类。

但是，正像笛卡儿当初志愿入伍而后退出一样，梅森成为修道士之后，也曾一度动摇初志，而准备改弦易辙。不过，教会与军队的约束条件大不相同，进得来，却出不去，教规像一把巨钳，将梅森紧紧地夹住了。

原来，梅森是一位热心拥护科学的人，仅凭这一点，就与教会的宗旨格格不入。面对既成事实，他只能在忙碌的教务之余，为科学事业的发展竭尽绵薄了。

笛卡儿与梅森离别之后，仍然互致尺素，鱼雁频返，偶尔也在巴黎会晤，因此对梅森的工作也很了解。

梅森是一座"桥梁"，他对科学所做的主要贡献就在于沟通科学家们的思想。当时，还没有什么有效的科学刊物和国际会议能够用来交流科学成就，梅森经常收集最新资料，写出大量书信，分寄给各地科学家；

对方也时常将各类消息向他传递。就这样，一种丰富多彩的科学通信活动蓬勃地展开了，经过一段时间的积累，已收得丰盛硕果，在全欧科学界得到广泛重视，影响面愈来愈大了。

笛卡儿全力支持梅森的工作，不时致函勉励，也在可能的条件下传送信息。但是，梅森对笛卡儿的期望很大，甚至想到，或许有这么一天，二人在剪烛西窗、共话当年之余，能够长时间地携手并进，为共同的理想奋斗终生。

重逢聚首的日子终于到来。1625年，笛卡儿回到巴黎，在梅森所在的修道院里互吐离情别绪。可是，当梅森恳切地请求他留下来协助处理案头那些堆积如山的书信时，笛卡儿却说：

"梅森，你应该知道，我只不过是数学王国的一名小小的兵卒啊！"

梅森当然知道，笛卡儿并未曾把全部心力投向数学，而其他学科如物理学、生物学等，尤其是哲学，它们都在深深地吸引着他，他甚至把哲学看做是指导一切科学基础的学科。

当时，他正在埋头于必须进行非常繁琐计算的"梅森数"研究，并且有了可喜的端倪，于是，他对笛卡儿表示了一种新的愿望：我们不是有许多数学界朋友吗？何不如组成一个数学集团，共同促进数学发展？此外，梅森从数的研究中看到"数论"的前景，他希望笛卡儿能分拨一小部分精力去从事有关数的研究。

当时，笛卡儿的确想在巴黎定居下来，因为这儿有他志同道合的朋友，社会上还有许多学富五车的高士名流，至于其他科学研究条件，也是远胜于别的地区的。于是，他俩着手倡建的数学集团形成了，其中有他们的朋友迈多治（1585—1647，曾著有《光学》、《圆锥曲线》等书），还有知名数学家笛沙格（1591—1661，射影几何奠基人）等人，这些人经常聚会，互道心得，切磋学术问题，并处理对外界交流事务，颇有收效。

笛卡儿也接受梅森要他对数的研究做些工作的建议，若干年之后，他致梅森的信中还给出一对亲和数 9363584 和 9437056。

伟大的转折

1928 年，笛卡儿感到巴黎的都市气氛太浓，尘嚣过甚，便接受友人的劝告，移居荷兰，一则换个清静环境，二则由于当时荷兰也是人才荟萃之地，得有机会在学术研究方面更上一层楼。从此，他在荷兰埋头研究哲学和数学，从事著述达 20 年之久。

任何一位从事数学研究的人，首先要"过"古希腊数学这一"关"，这已是不成文的规定，笛卡儿也不例外。很长一段时间内，他在考虑有关尺规作图的问题，突出地从两方面入手：

第一，如果求作的条件不能表现为一种简单的关系式，那么，应怎样解决这个作图问题呢？例如，某几何问题归结到求作一个未知长度 x，而 x 应满足方程 $x^2 = ax + b^2$（a、b 为已知长度）。遇到这类作图问题时，笛卡儿认为，必须先假定问题已经解决，而用字母作为符号去表示作图所必需的已知和未知的线段，根据这些线段之间的关系解出未知线段，即将未知线段剥离出来。

于是，按照二次方程的求根公式，上例方程 $x^2 = ax + b^2$ 的解就是

$$x = \frac{a}{2} + \sqrt{\frac{a^2}{4} + b^2}$$

（其中另有一解是负根，舍去）

这样，题目已明朗化，就可以作图如图 34：按已知线段 $\frac{a}{2}$ 和 b 为直角边作直角三角形 ABC，延长斜边 AB 至 D，那么，DA 即是所求作的 x。

在现代数学教科书中，这种方法称为"代数分析作图法"。从以上作图过程看，笛卡儿的思路是用代数方法去解几何问题，他用这种方法对

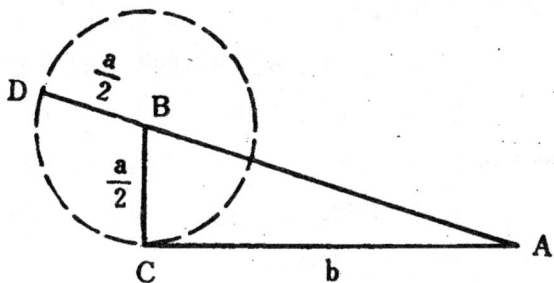

图 34

数学中的形与数做了初步结合。

第二，如果求作的图属于"不确定问题"（以区别于以上那类"可确定问题"——其解是唯一的），那么，问题就趋于复杂化了，按以上解方程的方法无法确定一个结果，就需要将该方程按不定方程处理了。例如，求作直角三角形，使它的斜边等于已知长度 a。

令两直角边长度为 x 和 y，就有

$$x^2 + y^2 = a^2$$

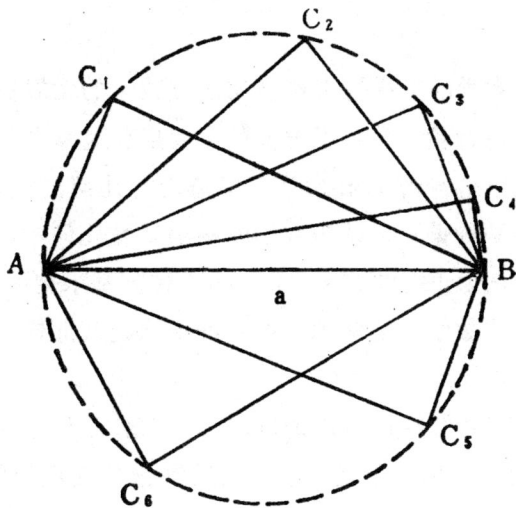

图 35

见图 35，长度 a 取为斜边，能够作出无穷多个直角三角形 ABC_1、ABC_2、ABC_3、ABC_4……，这些直角三角形的两条直角边分别为满足上式要求的 x 和 y。这样，从 C_1 到 C_2、到 C_3、到 C_4 形成一个运动过程，这些点的运动轨迹也就是所作符合方程 $x^2+y^2=a^2$ 的图形了。

$x^2+y^2=a^2$ 是一个不定方程，笛卡儿称 x 和 y 这样的量为"未知和未定的量"，后来人们改称为"变量"。

笛卡儿在数学中引入"变量"，完成数学史上一项划时代的变革，这是一个伟大的转折，后来，恩格斯对笛卡儿的革新思想给予极高的评价，他在《自然辩证法》一书中写道："数学中的转折点是笛卡儿的变量。有了变量，运动进入了数学；有了变量，辩证法进入了数学。"正因为数学本身有了变量，数学体现出辩证关系的存在；同时，数学的发展和应用从此进入一个崭新的、更加理想化的时期。

美妙的结合

人们记得，数学的发祥地古希腊为西方数学的发展提供了理论和实践的牢固基础。古希腊人在数学方面的主要成就是从几何学开始的，比达哥拉斯、欧几里得、阿基米德等人都是研究几何的代表人物。当时，学者们甚至存在一种偏见，认为数学的精髓就是几何学，它具有变化无穷的特点，被公认为正统的数学内容。对于像阿基米德那样的博学之士，虽然偶尔也涉足代数学，能够拟出如《群牛问题》那样的千古名题，但是他主要的研究仍立足于几何学。

在数学向着广度和深度发展的同时，必然会遇到数和量的问题，而由于纯几何学的局限性，于是，一个新的独立分支代数学便应运而生，以丢番图为代表的数学家们突破了以几何学为骨干的数学形式，另树代数学一帜。

在笛卡儿之前，几何学与代数学并驾齐驱，各显神通。那么，现在数学中有了变量概念，传统的思想自然就会产生质的飞跃，人们不禁要问：要求对 $x^2+y^2=a^2$ 作图究竟意味着什么呢？

诚然，图 35 给出了许多符合题目要求的直角三角形，它们的特征是得到各直角三角形中的直角顶点 C_1、C_2、C_3、C_4……，于是，要求对 $x^2+y^2=a^2$ 作图岂不是就是要人们将诸 C 点的轨迹线画出来？那么，进一步明确地说，如轨迹线是曲线形式，这种作为几何图形的曲线就等同于作为代数表达式的方程了；换句话说，曲线是可以用方程来表示的，人们可以说，$x^2+y^2=a^2$ 是一条曲线（有的方程不一定只代表"一"条）。

1637 年 6 月 8 日，一部划时代的文学和哲学经典著作《更好地指导推理和寻求科学真理的方法论》问世，这是笛卡儿苦心孤诣的心血结晶，他在本书的末尾加上三个附录：《折光学》、《论流星》和《几何学》。

笛卡儿在《几何学》中建立了"坐标系"（当时还没有"坐标"这个名称。"坐标"一词是莱布尼茨在 1692 年首先创用的，他还在 1694 年正式使用"纵坐标"一词），他用两条互相垂直的直线作为基准，以确定平面上的点，根据这些点的特征，将一个几何图形表示成变量的方程，通过对方程的研究来获得相应图形的性质。于是，有关几何图形性质的研究就可以归结到对方程性质的研究上去，从而建立起几何学与代数学的联系，让它们互相渗透、互相胶结、互相依存，并且起着相辅相成的作用。

就这样，笛卡儿将形与数进行统一，这种美妙的结合使数学大放异彩，无论从理论上，或是从应用上，都树立了新的里程碑。同时，在采用坐标方法的同时，运用代数方法去研究几何对象的数学就称为"解析几何学"，对此，恩格斯在《自然辩证法》一书中也有高度评价："最重要的数学方法基本上被确定了，主要由笛卡儿创立了解析几何，由耐普尔制定了对数……"

笛卡儿从天文和地理的经纬制度出发，指出了平面上的点与"实数对"$(x，y)$ 之间的关系。他还进一步考虑二元方程 $f(x，y)=0$ 的性质：满足方程的 x 和 y 值有无穷多，当 x 变化时，y 也随之变化，这种一一对应的 x 和 y 值可以定出许多点，这些点就构成了曲线。这样，一个方程就可以通过几何的直观和方法去处理；反之，又可以用代数方法处理方程而得到曲线的性质。数学曾经是从出现几何学开始升堂入室的，而几何学本身又以它的巨大潜力统御数学那么长时期，有过悠久而辉煌的历史，如今再引进代数学，处理问题就更加得心应手了。

德里安悲剧的背后

在古希腊的德里安岛上，一次瘟疫流行，半数以上的居民倒下去了。一部数学著作开头就这样描述：

"这个地区像死水一潭，寂寞凄凉，即使偶尔有个具有铁石心肠的人在此路过，望见那荒无人烟、萧条冷落的景象也会伤心掉泪的。原野上是如此缺乏生机，以致飞禽走兽也难见到一二，充其量只不过是有几只乌鸦在光秃秃的树桠上，不时呀呀地惨叫，发出那种通常被认为不祥的、可憎的声音……"

于是，幸存者拥向太阳神阿波罗的殿堂，请求赶走瘟疫之神。接着，祭司接受神谕，要居民们将庙里的祭坛体积加大一倍作为交换条件。尽管祭坛是如此简单的立体形——正方体，但是，人们却无能为力。

就这样，瘟疫仍然无情地肆虐着备受摧残的人们……

以上那个古老的故事称为"德里安悲剧"，它道出岛民遭受瘟疫侵害的苦楚，但是，它从另一个角度提醒人们注意：尤其可悲的是，号称万物之灵的人类居然解决不了这样一个简单的数学命题，那就是"画出体积为一已知正方体两倍的正方体的一边"。

假如已知正方体的一边为 a、所求作正方体的一边为 x，那么，题目意味着要求解决的作图应符合 $x^3 = 2a^3$.

数学家们提出许多方案，但无论他们如何绞尽脑汁、索遍枯肠，也得不到正确答案。因为按照传统的规定，必须符合尺规作图原则，但所有方案都或明显或隐晦地违背了这个原则，于是，用直尺（不刻度的）和圆规对这道题作图的希望破灭了。

可是，那些存在这样或那样破绽的方案中，却体现出不少新奇而巧妙的独特思路。古希腊数学家门内马斯（约公元前 375—公元前 325）自称有解决这个作图的方法，他只说过一句话："有两条抛物线的交点就足够了。"

门内马斯是系统地研究圆锥曲线的先驱，而实际上在古希腊时期，人们已有抛物线概念，被称为"数学之神"的阿基米德甚至能够求出抛物线弓形面积，因此后人相信门内马斯的话，可是，对其中机理一直是百思不得一解。

终于，按照笛卡儿的坐标系理论，人们摸到了门内马斯的脉搏，他所指的两条抛物线的方程应该是 $x^2 = ay$ 和 $y^2 = 2ax$，解这两个方程，得到的交点坐标便可满足 $x^3 = 2a^3$ 的条件。

然而，最熟悉坐标系性质和最善于应用坐标系特点的还是笛卡儿本人。他不以为然地认定，要找到那两条抛物线的交点，只应用其中的一条就可以了；至于另一条，可以用形式上简单得多的圆来代替。

于是，他取两条抛物线方程的和，得到

$$x^2 + y^2 = ay + 2ax$$

这是一个圆心坐标 $(a, \frac{a}{2})$、半径为 $\frac{\sqrt{5}}{2}a$ 的圆，它通过两抛物线的交点。因此，要取得 $x^3 = 2a^3$ 的结果，仅需作这个圆以及上述两抛物线中的一条即可，按现代使用的直角坐标系绘示于图 36，图中的 OB 等于 $\sqrt[3]{2}a$，即 $x^3 = 2a^3$。图中各线另有一交点 O，不符题意，予以舍弃。

既然门内马斯时代还没有坐标几何，人们尚不清楚他是怎样将几何

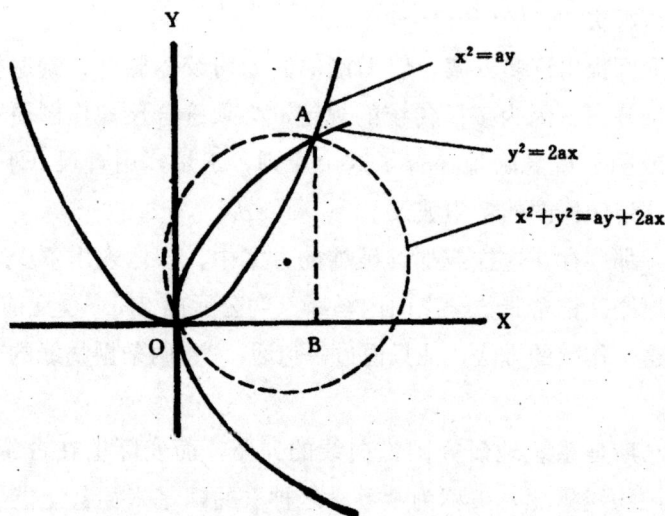

图 36

图像与代数方程结合看待的，只好对他的成果暂寄疑海。在德里安悲剧的背后，许多数学方法异彩纷呈，人们也从中景瞻到笛卡儿坐标系的翩翩风采。

喜剧性论战

大自然经常显示出非凡的天才，"光行最速"便是它的杰作之一。关于光的反射原理，欧几里得已在《反射光学》一书中，指出"入射角"等于"反射角"这样一种法则，以后又经古希腊学者海伦（约公元 1 世纪或 2 世纪人）加以发扬光大。这个法则意味着光是遵循大自然的最优设计，用最快的速度行进。

从图 37 可以看出，光从 A 点照到镜面 MN，然后反射至 B 点，它如要用最快的速度行进，那么，所走的路程必然最短。可以证明，只有当入射角∠1 等于反射角∠2 时，才能使光程最短，结果是使光行最速。

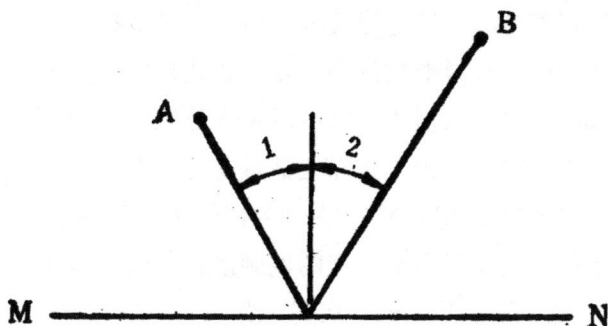

图 37

光从 A 点经过入射和反射过程到达 B 点，是在同一介质中行进，固然有以上结果，而笛卡儿考虑的情形却要复杂得多，他问自己："如果不在同一介质中行进，情况会是怎样呢？"

经过一番钻研之后，得出了光的折射定律：

$$\frac{\sin i}{\sin r}=\frac{V_1}{V_2}$$

式中 V_1、V_2 分别为光在第一、第二介质中的速度；i 和 r 则为入射角和折射角，有如图 38 所示，图中的 AB 为两介质的界面。

笛卡儿将这个成果写入《更好地指导推理和寻找科学真理的方法论》一书的附录《折光学》中。不过，荷兰人斯涅尔在 1626 年早已发现以上折射定律，只是当时尚未发表；笛卡儿的《折光学》则是 1637 年问世的，所以，他是不是独立地发现这条定律尚难断定。可是，这条定律的出现却引起一场论战。

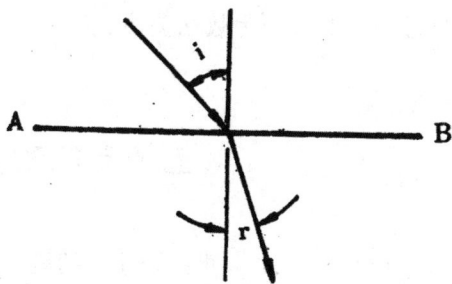

图 38

那时，与笛卡儿同时代的一位数学家费马却看出《折光学》中证明折射定律的破绽，便对它进行攻击性的非难。可是，费马本人的论点也免不了有纰缪，于是，一场笔锋交战开始了。许多数学家都被卷入这场喜剧性的论战中去，甚至形成派别，互不相让，争论范围后来扩大到谁先发现坐标几何、曲线的切线、极值以及立体轨迹等问题，以致荷兰数学家毕克门（当年曾与笛卡儿在布勒达城邂逅的多特大学校长）在论战一开始就站出来为笛卡儿辩解（只是毕克门不幸就在 1637 年这年辞世）。

起先，他们两人是用尖刻辛辣的讽刺语言对峙，当费马对笛卡儿的《几何学》予以批评时，后者却反唇说，费马几乎没有做什么，充其量是做出一些不费力气、不需要预备知识就能得到的东西，而他自己则在《几何学》中用了关于方程性质的全部知识。经过几年的你来我往的不休争论之后，这两人的态度趋于缓和。

数学问题在猛烈的抨击和众手高擎下前进了，提高了，更加分清真伪了，论战双方包括旁观者全都受到极大裨益，说明笛卡儿和费马两人之间长达十年的争执总算没有白白虚掷时光，最后，他俩互相仰慕，成为好友。在笛卡儿去世后，费马于 1660 年撰写的一篇文章里，虽然指出《几何学》中的一个错误，但他宣称自己非常佩服笛卡儿的天才，说即使笛卡儿有误，他的工作甚至比别人没有错误的工作更有价值。他俩交往的故事一时被引为数坛美谈。

上帝无能改变数学图案

1628 年，笛卡儿移居荷兰的第一年，即完成《思想的指导法则》一书，他认为"通过持续不断的思维活动观察若干一般的原理，深刻考虑它们的相互关系，同时清楚地、尽可能多地列举出它们的这些关系，这样做是有益的。我们的认识将因此而愈加真实，我们的思想也将因此而更加开阔。"笛卡儿的思想就是这样始终贯穿着事物之间不无联系的概念，而这种辩证法雏论立即触动教会的传统理论基石，因为教士们认为，无论是什么样的事物，都是受上帝的安排，而按上帝的意旨行动。显然，笛卡儿的观点与教会坚持的唯心主义格格不入。

当时欧洲各国的政治活动是受教会全面控制的，科学家受到极大压抑，而科学的发展又经常会冲击教会那些根本就站不住脚的论点，因此，笛卡儿被认为是大逆不道的人物也就不足为奇了。

在科学家心目中，"上帝"实际上是一个象征着"造物主"的代名词，造物主的存在意味着大自然能够有这样或那样的形成和发展。基于这种观点，笛卡儿说，他相信本人已经证明了上帝的存在，因而感到很高兴；不过，他告诫人们说，《圣经》并不是科学知识的来源，我们只凭理性就足以证明上帝的存在，还说，我们应该只承认自己所能了解的东西。

笛卡儿对几何学有特殊的偏爱，在《思想的指导法则》一书中写道："用几何图形去表达这类事情是极为有利的，因为没有什么东西比几何图形更容易进入人们的思维。"他执拗地声称，自然界预先规定的数学图案就是上帝也无能改变。他的这种信念大大地刺痛了教会头面人物，因为那些人认为"上帝总是在不断地干预着宇宙的活动"，而笛卡儿则大胆地否定了教会的这一基本信条。

由于笛卡儿有悖时宜的观点和论述，以及他那刚愎自用的"桀骜不驯"态度激怒了教会当权者，因此，《思想的指导法则》没有得到出版的机会。梅森闻知这消息之后大为不平，虽经四处奔走，出版的愿望仍然未能实现。

接着，在1633年，第二部著作也写成了，这部名为《宇宙论》的书稿中提出一个宇宙漩涡理论，是用来说明行星是如何转动不息而且保持在它们绕日的轨道中的。梅森在看到书稿后大为赞赏，但是他认为其中的一些内容与哥白尼的日心说暗合，必为教会所不容，应慎重考虑后交付出版；梅森以自己身居教廷的职位卑下，未能为老友出力而深感负疚之情。这时，笛卡儿也想到不久前因提倡地动说被教廷判罪的伽利略，至今仍身系缧绁，为了避免招惹是非，便只好暂时将书稿束之高阁（没有想到，这一放便是 31 年，直到 1664 年才得刊行。令人痛心的是，笛卡儿本人在生前无缘见到自己的书）。

1644 年，笛卡儿发表了《哲学原理》一书，专论物理科学（特别是运动定律和漩涡理论），此书也包含有《宇宙论》的一些材料，他相信这次已经写得使教会容易接受些了。

1648 年，笛卡儿的知己梅森去世，使他哀恸不已。1649 年，他受瑞典女王柯丽丝婷娜的邀请，前往斯德哥尔摩任女王的教师，不幸数月后便患肺炎逝世，时为 1650 年 2 月 11 日。

教会并没有放过离开人世的笛卡儿，在他死后不久，就把他的书列入《禁书目录》，并且当在巴黎为他举行葬礼的时候，阻止给他致悼词。他的早期作品《思想的指导法则》一书也是在他身后若干年才获得出版的机会。

数学世界的匆匆过客

数学研究给笛卡儿以无穷乐趣，而笛卡儿对数学的贡献也不是泛泛可比的。他的《几何学》的实质是在讲形和数的统一，其中前两卷专论解析几何，第三卷专论当时流行的代数分析。在这个基础上，人们认为，单纯地使用坐标系并不构成数学在这个阶段的变革，而笛卡儿真正取得的进展则是证明了几何问题可以归结为代数形式的问题，因此在求解时可以运用代数的全部方法。

笛卡儿的成果所得到的效能是非常明显的，由于代数语言远较几何语言富有启发性，所以在问题改变形式之后，只要进行一些代数变换，就可以发现许多出乎预料的性质。此外，由于笛卡儿采用代数语言来表示几何性质，这就使他有可能提出许多定理的简单证明，而某些定理若用传统的几何方法处理，有时难度是相当大的。

在《几何学》中还提出一种作曲线的切线的方法，就这问题的本质而言，它是微分学中的基本问题，在 17 世纪，有不少著名数学家都曾为了讨论它的概念而卷入"切线问题"的论战中去。当时，虽然《几何学》对这问题的叙述比较含糊，但是后来在他的《书信集》中看到他的观点是："切线是当两个交点重合时的割线，亦即将切线看成是割线处于极限位置者。"这种对切线的描述实是入木三分。

笛卡儿对代数学也作了某些有价值的贡献，他首创的平方根号、用末尾几个字母表示未知数等，都成为现今数学上的习惯用法；在《几何学》第三卷中，他探究了方程的根的性质，其中论及方程各项系数的符号与正负根个数的关系，就是现代方程论中的"笛卡儿正负号法则"；他还引入了待定系数的原理……

笛卡儿对数学的贡献如此巨大，但是，在他的一生中，并没有把太多的时间花于数学。他不过是数学世界上一位匆匆的过客，以致后人说他"只是偶然地成为数学家"，可是，他对数学有很深刻的认识，明确宣称，科学的本质是数学。

笛卡儿学识渊博，兴趣是广泛的，他是一位杰出的哲学家，又是生物学家和物理学家，在 1641 至 1644 年期间出版的《形而上学的沉思》、《哲学原理》等著作都体现他的研究成果。

笛卡儿一生所追求的是"方法"——建立真理的方法，这是他哲学思想的基本点。他说："方法就是把我们应注意的事物进行适当的整理和排列"，又说："当一个问题被提出来以后，我们应当立即看一看，首先研究另外一些问题是否更为有利，那另外的问题是哪些问题，以及按什么顺序进行研究最合适。"他时常蕴于脑中有异乎寻常的独特思路，例如他从提供物质世界的知识这个意义上说，并不认为代数是一门科学，而把代数看成是进行寻求未知量和推理的有力方法。

人们想到，如果笛卡儿不是数学世界一过客，即使能够多逗留一些时日，也必定对那个世界造福万千。

费马——业余数学家之王

我确实发现了这个巧妙的证明。

——费马——

在遥远的天地里

数论是数学领域中最能引起人们浓厚兴趣的一个分支,这个纯数学理论的学科既粗浅又深奥。说它粗浅,无非是讨论自然数这样人人都熟悉的内容;说它深奥,有许多问题(譬如说确定一个数是不是质数)历经两千多年(一直到现在)也莫辨是非或找不到答案。

数论虽然滥觞于古希腊,又由历代世界各国数学家增添不尽风光,但是,公认对数论作出最大贡献并给这门学科以巨大推动力的则是17世纪的法国人皮埃尔·费马,他被誉为"数论之父"。

那么,费马何许人也?是哪所大学的数学教授?是哪个科学研究院的院士?都不是。他是一位律师,自然科学与他的专业相去千里,因此,后人说他是在遥远的天地里研究数学。

在古今中外为数众多的数学家之中,能够独当一面,而取得大量开拓成就的颇不乏人,但是,他们之中的大多数都是专业的数学工作者,或则兼为理工科、自然科学的学者。历史上的社会科学工作者卒成大数

学家者为数甚寥，除中国的秦九韶之外，费马也是其中一人。

1601 年 8 月 20 日，费马出生于法国南部土鲁斯附近的一个皮革商家庭，他幼小聪慧，喜爱浏览各学科图书，长大后攻读法律，当过律师、法官，并是土鲁斯议会的议员。

费马一生清廉公正，治事缜密，深受社会上各阶层人士的敬重和爱戴；他博学广识，在文字学和语言学方面也有很深造诣。费马十分珍惜时间，不肯让光阴等闲虚度，一有闲暇，就认真思索各类问题，并积极与科学界好友联系、讨论和请教，在数学方面，他与当时的名流笛卡儿、帕斯卡（1623—1662）等人过从甚密，以互相切磋数学奥秘为乐。

费马在将近 30 岁时才开始接触数学，一直到 64 岁逝世时止，用 30 多年的业余时间广泛研究了几何、数论等理论，并为解析几何、概率论、微积分的问世奠定了基础。他是一位业余的数学爱好者，但是，他在数学上的贡献则远远超过许多著名的专业数学工作者，因此，后来被称为"业余数学家之王"。

费马是一位谦虚好静的忠厚长者，他无意发表自己的著述，因此生平除了少数片断短文流传之外，没有完整的论著行世。他的大部分研究成果是在他遗物的故纸堆中觅见，或则从他阅看过的书籍中页边、条缝或"天地"空白处的批注得到，另有一些见诸他与朋友们往来的书信中。

1665 年 1 月 12 日，费马在土鲁斯辞世。

奇妙的自然数

对一般未涉足数论的人来说，自然数是最平凡不过的，不就是 1、2、3、4、……吗？尽管自然数有无穷多个，但它是人人熟悉的，毕竟不会有什么出奇之处。

可是，持上述看法的人如果稍稍回顾一下历史，就可以了解自然数的一二性质，要知道，古老的欧几里得著作中早就有过对自然数奥妙的论述，譬如说质数、完全数等，那都是充满神秘色彩的，直到今天（20 世纪末），人们对它们的特性还是摸不透。可以说，它们已经困惑了世人两千多年，还不知道今后的哪个年代，才能松脱它们对世人束缚的绳索呢！

费马已经看到自然数中蕴含着多么丰富的知识，他意识到，也许人类的智慧永远破不了上帝通过自然数编构的谜。费马对古希腊人从几何学角度开始研究数学有自己的见解，他认为数学发展的雏期，这也许是一条必经的道路，可是，单纯地偏爱几何学也有其局限性。他觉得，受欧几里得影响而故步自封是极不可取的，以前数学家们用几何观点来处理算术问题是对真正算术的陌生，而算术应该有自己的特殊园地——整数论，来讨论有关自然数的性质以及存在于其中的规律性。

对自然数的认识不是一朝一夕就能深透，但是，在诸多杂乱无章的棘丛中，首先得理出一条途径，这途径当然应从自然数的分类起步。

自然数分为三类：1，质数，合数。进行研究的最起码应达到的目标就是分清某数到底是质数或是合数，这对于数值较小的自然数容易解决，对于很大的自然数就是个难事了。从另一方面讲，要找出许多合数是容易的，寻求质数的踪迹则远远不是费马时代（甚至一直到 20 世纪的今天）的学者所能胜任。

费马的心思是：推导一个公式，希望它能表达所有质数，看来是一种奢望；那末，退一步说，如果能够找到一个公式去表达部分质数，那也很好。

可是，质数的分布是如此缺乏规律性，以致于使费马感到无从入手，而且即使列出某某公式，也无法证明它能表达质数的准确性。这样，只好找出某某公式，再以"猜测"的形式出现，然后等待时机证明。

费马考虑到以下一条定理：

"如果 2^m+1 是质数，那么 $m=2^n$。"

很容易证得 m 不能有奇数真因数，即 m 应表示为 2^n。

他猜测，这条定理的逆也会成立，即

"一切形如 $2^{2^n}+1$ 的数都是质数"

他验算了 $n=0$、1、2、3、4、的情形，得到 3、5、17、257、65537 诸数，它们果然都是质数。

后人称形如 $2^{2^n}+1$ 的数为费马数。能不能保证所有费马数都是质数呢？他本人是没有把握的。然而，在费马身后 67 年时，瑞士数学家欧拉却把这个猜测推翻了。欧拉指出，$2^{2^5}+1$ 是一个合数，而不是质数。

接着，更加复杂的 $2^{2^6}+1$ 也被发现是合数：

$2^{2^6}+1=18446744073709551617$，有因数 274177。

n 值再大一些的费马数就不容易分解因数了，有的知道它是合数，但却写不出真因数（如 $n=14$）；还有的不知道它究竟是合数还是质数（如 $n=24$）。

方队的启示

　　将受检阅或在操练的队伍摆成方队（即使每行和每列的人数相等）的由来已久，人们已经无法追根溯源。但是，有心人认为，这可能是古代军事学家的杰作，也许方队在训练士兵和布置作战陈形上有某种特点，渐渐沿习下来，方队（或称为方阵）也就成为传统举行典礼时所用的队形，它的花样和名目不时得到翻新。

　　奇妙的自然数给方队的构成增添不少生趣，研究自然数的性质时，费马发现前人的工作有许多可供借鉴之处，这本来也是不足为奇的，科学的发展自应是从低级到高级，上一代的成果被下一代应用，而下一代又有责任去完善上一代的成果。费马兴致勃勃地去研究各种方队组成的可能性及其变化的特征，例如某数能不能组成方队？为什么？一个方队怎样变成两个方队？是否多大的方队都能自由变换？几个相同的方队加上多大的数可以另行组成一个大方队？诸如此类，不一而足。

　　数学给古老的方队理论注入新的生命，从整数论的观点看，方队研究是讨论完全平方数问题。例如从毕氏定理衍生的"毕达哥拉斯数"，它表述直角三角形中两直角边和斜边都是自然数，若以 $c^2 = a^2 + b^2$ 表示毕氏定理，则有

$$a = 2pmn, \ b = p \ (m^2 - n^2), \ c = p \ (m^2 + n^2)$$

式中 p、m、n 均为自然数，$m > n$.

如取 $p = 5$、$m = 7$、$n = 4$ 便得

$$325^2 = 280^2 + 165^2$$

上式说明：一个每边 325 人的方队可以变换为两个方队，它们每边的人数分别为 280 人和 165 人。

　　费马沿着前人的足迹前进，但是他的目标是愈险、愈奇的境界。

1640 年 12 月 25 日，他致梅森的信中提出一个定理："$4k+1$ 形的质数能够唯一地表达为两个平方数之和。"

证明这个定理并不容易，可惜费马没有留下证明方法，只是在 19 年之后（1659 年），他给朋友卡克维的信中说到证明方法是"无限递降法"，具体证明过程仍未留下。这是个正确的事实，可以形成定理，直至 1749 年，才由欧拉做出证明。

费马又断言，没有一个 $4k-1$ 形的质数能表达为两个平方数之和。

费马发挥以上定理的特征，得出一系列有趣的结果：$4k+1$ 形的质数的平方是两个（而且只有两个）直角边为自然数的直角三角形的斜边；它的立方是三个（而且只有三个）这种直角三角形的斜边；它的四次方是四个（而且只有四个）这种直角三角形的斜边；它的五次方、六次方……也都是类似的情况。例如，对于 $4k+1$ 形的质数 17，可以表达为 $17 = 1^2 + 4^2$，而有

$$17^2 = 8^2 + 15^2$$

$$(17^2)^2 = 161^2 + 240^2 = 136^2 + 255^2$$

$$(17)^3)^2 = 2312^2 + 4335^2 = 2737^2 + 4080^2$$
$$= 495^2 + 4888^2$$

$$(17^4)^2 = 31679^2 + 77280^2 = 46529^2 + 69360^2$$
$$= 8415^2 + 83096^2 = 39304^2 + 73695^2$$

以上各式的平方数表示方队人数，实际上，由于数字很大，它们已无法布阵，这时，费马是将方队引入数学范畴了。

形形色色

自然数的变化和内在奥秘令人赏心悦目，费马陶醉其中，也乐在其中。他所要解决的问题是多方面的，有的是些相当繁复的数字，例如以

上取 17^4 作为直角三角形的斜边，能够得到四个直角边为自然数的直角三角形，式中所显示的各直角边的数相当大，是如何获得的呢？

费马解决各种问题都要循着一定的路线，使用相当的技巧。为此，他需要建立为数众多的形形色色定理或公式，同时，还要深入研究自然数的种种特性。例如，对于 $4k+1$ 形的质数，又有以下性质：

它本身和它的平方都只能以一种方式表达为两个平方数之和（例如 $17=1^2+4^2$，$17^2=8^2+15^2$），它的立方和四次方都能以两种方式表达（例如 $17^3=52^2+47^2=68^2+17^2$，$17^4=161^2+240^2=136^2+255^2$），它的五次方和六次方都能以三种方式表达等等。

对于方队理论，费马还指出：若等于两平方数之和的一个质数乘以另一个也是这样的质数，则其乘积将能以两种方式表达为两个平方数之和。即：设两质数分别为 $p_1=a^2+b^2$、$p_2=c^2+d^2$，则有

$$p_1 p_2 = (ac+bd)^2 + (ad-bc)^2$$

或

$$p_1 p_2 = (ac+bc)^2 + (ad-bd)^2$$

进一步得出：第一个质数乘以第二个质数的平方，则乘积将能以三种方式表达为两个平方数之和，即

$$(a^2+b^2)(c^2+d^2)^2$$
$$= [a(c^2+d^2)]^2 + [b(c^2+d^2)]^2$$
$$= [a(c^2-d^2)+2bcd]^2 + [b(d^2-c^2)+2acd]^2$$
$$= [a(d^2-c^2)+2bcd]^2 + [b(c^2-d^2)+2acd]^2$$

同样地，第一个质数乘以第二个质数的立方，则乘积将能以四种方式表达为两个平方数之和等等。

有了以上形形色色的定理和公式，再配合以构造毕达哥拉斯数的有关式子，那么，将 $(17^4)^2$ 表达为两个平方数之和也就不难了。

关于将质数表达为两个平方数之和，费马又加以推广，找到一系列将质数表达为 x^2+2y^2、x^2+3y^2、x^2+5y^2、x^2-2y^2 的类似定理。例如 $6k+1$ 形的质数可以表达为 x^2+3y^2；$8k+1$ 和 $8k+3$ 形的质数可以表达

为 x^2+2y^2；奇质数能够唯一地表达为两个平方数之差等等。

在方队理论研究中，费马得到后来被称为"费马商"的式子：

$$\frac{2^{p-1}-1}{p}$$

他指出，只有两个质数能使以上式子成为平方数，那就是 $p=3$ 和 $p=7$。

费马所研究的是自然数，所以他所说平方数都是指"完全平方数"，即自然数的平方。因此，这里所谓完全平方数有别于通常所指的有理数平方。例如，费马指出："对于 $a^2+b^2=c^2$，则 $\frac{1}{2}ab$ 不可能是一个平方数。"这条定理说明，如直角三角形的三边符合毕达哥拉斯数，那么它的面积数不可能是自然数的平方（定理中 a、b、当然是指自然数）。

费马熟悉各种与方队理论有关的方程解，例如他指出，$y^3-2=x^2$ 仅有唯一自然数解，即 $x=5$；而 $y^3-4=x^2$ 有二解，即 $x=2$ 和 $x=11$。

神秘方程

1657 年 2 月，费马致友人弗烈尼科尔的一封信中提到以下一个方程：

$$x^2-dy^2=1$$

方程中的 d 是非平方数的自然数。

他说，关于这个方程，有一个定理：

"$x^2-dy^2=1$ 在 d 是自然数而非平方数时有无穷多个解"

在这封信内，他并向所有数学家挑战。

这个表现形式简单的方程看起来平淡无奇，却蕴藏着无限美妙景色。原来早在公元 7 世纪，印度数学家柏拉默古塔曾经遇到一次方队排列，当时，一位将军麾下的所有兵士正好排成 92 个相同的方队，操练时，将军也加入队伍，于是，只增加这一个人，便能够排成一个大方队。

那么，这位将军所率领兵士一共有多少人呢？这相当于求解方程 $x^2 - 92y^2 = 1$。柏拉默古塔说："谁要是能用一年时间解出这个方程，他就可以算是真正的数学家。"实际上，一些人并没有花费一年时间，就解出 $x = 1151$、$y = 120$。

可是，费马认为，这个解是不全面的，充其量只是它的最小值解，而方程是有无穷多个解的。

从柏拉默古塔的口气分析，这类方程的解是有相当大的难度。的确是这样，但那个方程还算是简单的；如果将 92 换成 94，那就复杂多了：$x^2 - 94y^2 = 1$ 的最小值解是 $x = 2143295$、$y = 221064$。

柏拉默古塔提出的方程并非独一无二。费马还知道一个非常精彩的趣题——阿基米德的《群牛问题》，它导致这种类型方程的出现，而使所有数学家束手无策已达两千余年。《群牛问题》梗概如下：

太阳神饲养一群牛，有牡牛和牝牛，分白、黑、花、棕四色。在牡牛中，白牛比棕牛多出的数，正好是黑牛的一半加三分之一；黑牛比棕牛多出的数，又正好是花牛的四分之一加五分之一；花牛比棕牛多出的数，却正好是白牛的六分之一加七分之一。在牝牛中，白牛数是全部（包括牡、牝牛）黑牛数的三分之一加四分之一；黑牛数是全部花牛数的四分之一加五分之一；花牛数是全部棕牛数的五分之一加六分之一；棕牛数是全部白牛数的六分之一加七分之一。问：牛群中诸色牡、牝牛至少各为多少头？如果全部白牡牛和黑牡牛能排成一个方队，棕牡牛和花牡牛能够摆成一个等边三角形队，那么，诸色牡、牝牛又是多少头呢？

《群牛问题》的解需要有一定程度的技巧，前半部虽然也很难，但毕竟能解得出；而后半部却引出一个方程，根值之大是没法书写出来的。这方程是

$$x^2 - 410286423278424y^2 = 1$$

费马归纳了柏拉默古塔、阿基米德等人建立的这种类型方程，并继 1657 年那封信之后，在 1658 年又写一封信，声称他是用"无限递投法"

解 $x^2 - dy^2 = 1$ 型方程的。

费马提出的 $x^2 - dy^2 = 1$ 型方程本来被人称为"费马方程"，但欧拉在 1732 年误称为"佩尔方程"。人们虽然知道佩尔只不过是在修订某一翻译版本的《代数》中引用前人的解法，而由于欧拉的名气太大，都未改口，今人不知详情，也或有沿用"佩尔方程"这个名词的。

人称"费马方程"为神秘方程。至于费马提出的那个定理，后来被欧拉和拉格朗日所解决。1759 年，欧拉通过把 $\sqrt{d}$ 表成一个连分式，给出了一种解法，甚具特性。

繁花似锦

在数学领域的广阔园地里。数论这一分支之所以异彩纷呈、奇香竞扬，固然是由于众多数学家的精心栽培，但是，历代评论家都认为，这所有一切，应该归功于费马。就是这位伟人，他唤起人们对数论的高度兴趣，他本人又在扶犁执耨，辛勤耕耘，换得来繁花似锦。他提出数量相当多的定理，在现今的一切数论书籍中都离不开它们。

"数论是属于费马的"，这句话恰如其分。费马喜欢按照古希腊人的习惯称他所研究的学科为"算术"，可以毫不夸张地说，现代算术是从费马开始的，在这片原野上驰骋的人们都唯他马首是瞻。

1640 年 6 月，费马在致梅森的一封信中提出三条定理，并且宣称，这三条定理是他关于数的性质的研究基础，它们是：

1. 若 n 是合数，则 $2^n - 1$ 亦是合数。

2. 若 n 是奇质数，则 $2^n - 2$ 可被 $2n$ 除尽。

3. 若 n 是奇质数，则除了 $2kn + 1$ 这种形式的数之外，$2^n - 1$ 不能被其他质数除尽。例如 $2^{11} - 1 = 2047$，其因数为 23 与 89（即 $2 \times 1 \times 11 + 1$ 与 $2 \times 4 \times 11 + 1$）。

远在毕达哥拉斯年代，人们就非常重视数与图形之间的关系。毕达哥拉斯学派实际上并不把数与几何上的点区分开来，因此他们从几何角度把一个数看做是扩大了的一个点或很小的一个球。他们把数描述成形，用卵石粒排列的形状来进行分类，例如图 39 示三角形数 1、3、6、10、……，四方形数（即平方数或正方形数）1、4、9、16、……五边形数 1、5、12、……

费马提出一个很难的关于多角形数（或称多边形数）的定理，他断言：每一个自然数是 k 个 k 角形数之和。

按图 39 具体地说就是：凡自然数都是三个三角形数或四个四方形数或五个五边形数之和（包括每边的数为 $n=0$），亦即凡自然数要么是数列

0，1，3，6，10，……中的三个数，要么是数列

0，1，4，9，16，……中的四个数，要么是数列

0，1，5，12，22，……中的五个数之和。

由于一般 k 角形数是 $n+(n^2-n)(k-2)/2$，因此，相应地，三角

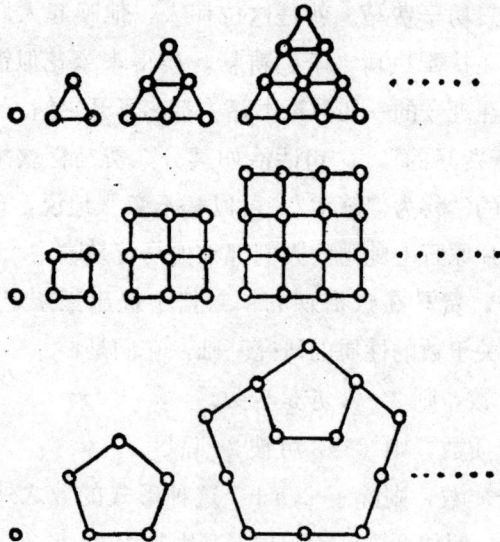

图 39

形数、四方形数、五边形数为

$$n（n+1）/2、n^2、n（3^n-1）/2$$

后来，高斯证明了 $k=3$ 的情形，欧拉和拉格朗日证明了 $k=4$ 的情形（他们将自然数改为非负整数，即包括零）。而当法国数学家柯西（1789—1857）1815 年在巴黎科学院宣读他已证得"每一个自然数是 k 个 k 角形数之和"的论文时，全欧洲数学界都沸腾起来了。

小大两定理

1732 年，欧拉曾经说道："我从一个优美的定理推出了某一结果，虽然我不会证明它，但我肯定它是正确的：若 a 和 b 均不能被质数 $n+1$ 整除，则 a^n-b^n 可被 $n+1$ 整除。"

当时，欧拉所指那一个优美的定理就是费马的一个定理。在费马所发现众多定理中，这是最重要的两个之一，另一个比这个尤为重要，因此，这个定理称为"费马小定理"，而另一个称为"费马大定理。"

"费马小定理"叙述如下：

若 p 为质数，且 a 与 p 互质，则 $a^{p-1}-1$ 可被 p 整除。即

$$a^{p-1}-1=kp（k 为自然数）$$

这个定理是费马在 1640 年 10 月 18 日致友人贝西的信中提出的，也可以叙述为：

若 P 为质数，而 a 为任何自然数，则 a^p-a 可被 p 整除。即

$$a^p-a=k_1p（k_1 为自然数）$$

费马通常并没有将定理的证明留给后人，这个"费马小定理"是由欧拉在 1736 年证明的。在数论研究中，费马小定理的应用范围很广。

"费马大定理"是一个充满传奇色彩的定理。

公元 3 世纪的古希腊数学家丢番图是研究数论的先驱，著有《算术》

一书,那时"算术"一词专指"数的理论"而言,与实用的"计算技术"有明显区别。

费马手头就有一部法文版《算术》,他去世后。人们整理遗物时发现他在该书某页上写有旁注:"另一方面,要把一个立方数分为两个立方数,一个四次方数分为两个四次方数,照样地,将一个大于二的乘方数分为同样指数的两个乘方数,都是不可能的。我确实发现了这个巧妙的证明,但因为这里篇幅太小,写不下。"这段话相当于提出一个命题:

当 $n > 2$ 时,$x^n + y^n = z^n$ 没有正整数解。

在写旁注的那处正文是"将一个平方数分为两个平方数",丢番图说明将 16 分成 $\frac{256}{25}$ 和 $\frac{144}{25}$(即 $4^2 = \left(\frac{16}{5}\right)^2 + \left(\frac{12}{5}\right)^2$)的过程,相当于在研究 $x^2 + y^2 = z^2$。

因此,后人都认为费马是从 $x^2 + y^2 = z^2$ 联想到 $x^n + y^n = z^n$ 的。可是,那个巧妙的证明呢?费马照例没有给后人留下。于是,数学家们认为,对费马本人来说,既然他已经有了证明,这个命题称为"定理"自然无可厚非;不过,严谨的数学家们谁也提不出证明方法,却又因为没有见到费马的证明,信不过,所以,大家认为,这只不过是一个"猜想"而已。这样,就有人建议,"费马大定理"改称为"费马猜想"似乎更加合适。

然而,持不同看法的人说:"你们没有见到费马的证明,不等于他没有证明;那么,既然信不过,你就举一个实例或做出反证将这个命题推翻了也罢。"

三百多年过去了,世界上所有数学家,包括那些驾驭某个时代的数学大师在内,都被费马击败了。他们既没有能力证明"费马大定理",又提不出将这个"定理"推翻的论据。

会下金蛋的母鸡

那些无可奈何地硬要把"费马大定理"改称为"费马猜想"的人，不想去检点自己的"无能"，却要给自己作开脱性的自我精神安慰。于是有人臆断地说：这怎么能称之为"定理"呢？也许他在写旁注时，曾经一闪念，有一个什么证明的想法，而后来认识到那个想法是错误的；几乎可以肯定，他并不打算将这段旁注公诸于世，因此，他也就没有机会再回头来删除或修正这条旁注。难道不是这样吗？

主观地排除费马曾经有过证明的事实是不公正的，也没有理由说费马的智慧绝不可能胜过他身后三百多年的所有优秀数学家。对于他的那个"巧妙的证明"，人们还是发现了蛛丝马迹：费马给卡克维的一封信中说他已用"无限递降法"证明了 $n=4$ 的情形。

虽然，那封信中并未给出全部证明细节，但是，这种提示一字千钧，仅凭这细微的线索，1676 年，弗列尼科尔对 $n=4$ 的情形做了证明，这个证明发表在他去世后出版的《论直角三角形的数字》一书中。

后来人们知道，"无限递降法"也适用于 $n=3$ 的情形，只不过证明过程比 $n=4$ 的情形要复杂得多。

证明 $n=4$ 的情形是很重要的。因为如果定理对于某一个 n 是真的，那么对 n 的任何倍数 mn 也是真的：因为假设 $x^n+y^n=z^n$ 无正整数解，将 $x^{mn}+y^{mn}=z^{mn}$ 写成 $(x^m)^n+(y^m)^n=(z^m)^n$ 后也就可以看出它是无正整数解的。

任何一个大于 2 的正整数如果不被 4 整除，就一定被某奇质数整除。因此，只要证明 $n=4$ 时以及 n 是任一个奇质数时定理成立，那么定理就对任何正整数 n 都成立。

费马曾用他创造的奇特的"无限递降法"证明过"$4k+1$ 形的质数能

够唯一地表达为两个平方数之和"、"边长为自然数的直角三角形的面积数不可能是自然数的平方"等，它又在证明费马大定理的过程中发挥了作用。那么，很难说，他没有其他奇特方法可以去彻底地证明费马大定理。

现在，摆在有志于探索费马大定理的数学家面前的道路只有两条，要么证明它的真实性，要么提出论据将它推翻。

迄今为止，不知有多少数学家为它枯肠索遍、心血绞尽，但是，一切努力都是枉然。由于费马大定理的形式简明，内容易懂，甚至有不少只学过初等数学的中学生也涉足其间，结果是徒劳地浪费了大量的时间和精力。在许多科学院的历次悬赏征答中，也有人寄托一种侥幸心理，想到当，年欧拉推翻费马一个猜测"费马数都是质数"的往事，指望从这方面打开缺口，但是，无例外地，他们全都失败了。

于是，有人将"费马大定理"改称"费马最后定理"，之所以称为"最后"定理，只是由于至今还被大家"留"着，留到"最后"——既没有人能够证明它，又没有人能够将它推翻。

那么，解决费马大定理究竟有什么实际意义呢？数学家们也回答不了。但是，人们确信，在解决这个问题的过程中，必将伴随数学新思想和新方法的出现，从而促进数学的新进展。事实上，德国数学家库麦（1810—1893）就在1844年创立了也许比费马大定理本身还要重要的"理想数论"，这可作为由研究这个定理能产生副产品的明证。德国数学家希尔伯特曾在本世纪开头时说："费马最后定理是只会下金蛋的母鸡，如果我们将它宰杀，就得不到金蛋了。"

如今，"我确实发现了这个巧妙的证明"这句话已成为至理名言。作为座右铭或警句，并不是画饼充饥，它将继续激励后来者去建立必胜的信念。至于众多进取者之中谁将脱颖而出，世人且在拭目以待。

费马大定理中的 n 是大于 2 的任意自然数，但是人们既得不到普遍证明，就只好取 n 为具体数求证。到1986年，其结果也只限于 $2 < n < 41$

$\times10^6$ 时（当然也包括这些数的倍数）$x^n+y^n=z^n$ 无正整数解。然而，从自然数的意义上看，无论 n 的上限是个多大的具体数，距离彻底证明费马大定理都是非常遥远的。

《将军巡营》解

三座兵营分别设置在大片开阔地的三处，将军经常要去巡视。他从自己的指挥所出发，到达第一兵营后回到指挥所；再去到第二兵营后回到指挥所；最后又去到第三兵营后回到指挥所。一天，他忽然想到要把指挥所搬到少走路程的地方，却拿不定主意，不知指挥所应放在哪儿才合适。

这则民间传说引起许多人的兴趣，进行研究这个问题的大有人在。经历了不知多少年，谜底始终没有被揭开，便一直成为悬案，称为《将军巡营》问题。

以每座兵营为一个点，三座兵营作为顶点，便构成一个三角形。那么，指挥所可拟作三顶点以外的另一个点，于是问题可以叙述为：试确定一点，使它至三顶点往返的距离和为最小。

往返的距离和最小，相应地，单程的距离和也最小。这样，《将军巡营》问题实质上就是"试求一点，使它到已知三角形的三顶点距离之和为最小。"这样一个极值问题。

根据那则民间传说提出这个极值问题的就是费马，后人从他致意大利物理学家托里拆利（1608—1647）的信中见到它。

对于这类几何极值的问题，费马相当熟悉它的解法。最简明的解法是应用"等角特征"原理。见图40，如果三角形 ABC 中有一点 P，那么，当 $\angle APB=\angle BPC=\angle CPA=120°$ 时，这点便是费马所提出求解的那个点，即 P 点是到 A、B、C 三点距离之和最小的点。若另取一点 P'，

必有

$$AP+BP+CP<AP'+BP'+CP'$$

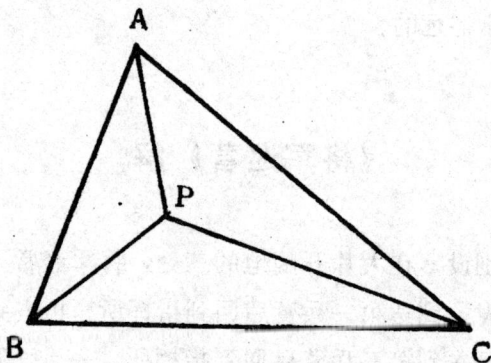

图40

《将军巡营》问题是由费马解决的，将军的指挥所放在哪儿？也是费马向托里拆利提出的那个点，后人称为"费马点"。

显然，要使确定的 P 点产生三等角，只有当三角形的每个内角都小于120°时才存在。这样，费马点究竟在哪儿，就有以下答案：

若已知三角形的每个内角都小于120°，则所求的点即是与三顶点构成三等角的点；若已知三角形有一内角大于或等于120°，则所求的点是这个三角形的最大内角的顶点。

怎样确定费马点？见图41，分别以三角形的三边为一边，向形外作等边三角形 ABC'、$A'BC$、$AB'C$，则 AA'、BB'、CC' 的任两线交点便是费马点（实际上是三线汇交于一点 P），这点也叫三角形的"正等角中心"。

不过，托里拆利却别出心裁地用另一种方法来定费马点。图41是用共点线考虑的，而托里拆利则按共点圆考虑，分别作三个等边三角形 ABC'、$A'BC$、$AB'C$ 的外接圆，则三圆汇交于一点 P（图42），这是费马点，也叫"托里拆利点"，那三个圆则称为"托里拆利圆"。

一般作法是采用折中办法，即仅作一个等边三角形，用一个圆和一

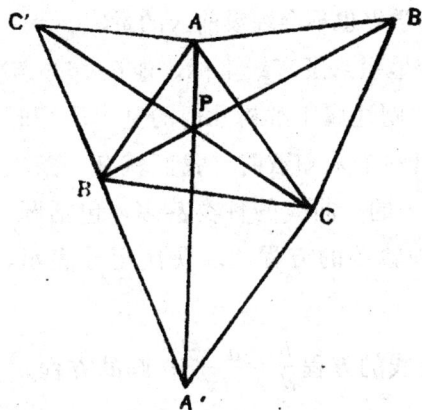

图41

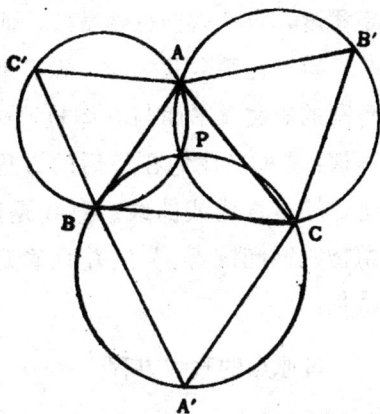

图42

条直线来确定费马点。如图 43 的圆（等边三角形 $A'BC$ 的外接圆）与 AA' 的交点 P 就是所要求的点。

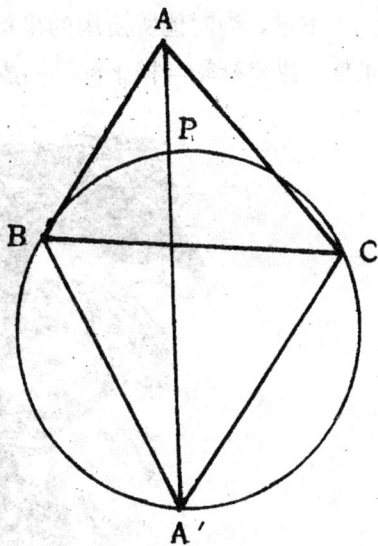

图43

数坛奇才

人们常说，现代数学是始于解析几何和微积分两大发明，而费马在这两方面都有很多建树，对它们的问世起了积极的奠基作用。人们公认，解析几何是笛卡儿、微积分是牛顿和莱布尼茨创始的，但是，费马的崇拜者坚持让费马的名字加入创始人之中，甚至说，如果没有费马先行，微积分的出现恐怕要推迟很长一段时间，因此，微积分的发明人应该是法国人，而不是英国人或德国人。

大凡一项重大成果，都是经过几代人长期奋斗取得的，只有到了一定程度，自然就会瓜熟蒂落，而通常科学界也不会埋没前人的贡献。

费马在笛卡儿之前，确实是已系统地引入了直线坐标，他在 1636 年春写的短文《平面与立体轨迹引论》中阐述属于解析几何的基本原理时写道："每当我们在最后的方程中求出两个未知数时，我们就有一条轨迹，那是直线或曲线。直线是简单唯一的；曲线的种类甚多，包括圆、抛物线、椭圆等。"他并且确定了各种轨迹的方程，以现代记号表示，就是：

过原点的直线方程 $\frac{x}{y}=\frac{b}{a}$；任意直线的方程 $\frac{b}{d}=\frac{a-x}{y}$；圆的方程 $a^2-x^2=y^2$；椭圆方程 $a^2-x^2-ky^2$；双曲线方程 $a^0+x^2=ky^2$，$xy=a$，抛物线方程 $x^2=ay$。

不过，当时他所使用的坐标形式还是比较原始的。所用的是一种斜坐标，纵坐标轴与横坐标轴构成一倾斜角；而且不用负数。

当时，费马肯定：轨迹方程如是一次的，就代表直线；如是二次的，就代表圆锥曲线。

费马对微积分的贡献也是从研究曲线的切线体现出来的，他认为切线是当两个交点重合时的割线，他用以描述求切线的方法也就是现代所用的方法。所以，费马实际上已为微积分的出现做了准备工作。

提到微积分，自然要联系到极值理论。费马有关切线问题的论述就记载在他 1637 年的手稿《论最大值和最小值的方法》中，那里面记述了他创立的一种求极值的方法，也就是现代微积分学中的求导数法。

费马巧妙地将几何光学的基本原理应用到极值理论中来，在 1657 年和 1662 年的信件中提出著名的"最小时间原理"，很大程度地发挥了"光程最短"和"光行最速"原理。他与笛卡儿关于折射定律的十年喜剧性论战曾经脍炙人口。

费马是概率论早期的创立者之一。在这问题上，他与帕斯卡通信讨论有关赌博的"点的问题"其实是概率论的嚆矢，解法有独到之处。

1636 年，费马曾给出一对亲和数 17296 和 18416。

费马在数学领域中涉足甚广，所做的又多是开创性工作，成果斐然，委实是一位少见的数坛奇才。

莱布尼茨——"哲学"的毕生追求者

　　宇宙多么美好，其内在规律何等奥秘！但是，人类的智慧终究能够将它们揭示出来。

——莱布尼茨——

前人发现了什么

　　公元 14 至 16 世纪间，欧洲地区经历着文化和思想领域的一个蓬勃发展时期，史学家们认为这标志着古代文化的复兴，便称这个时期为文艺复兴时期。在这期间，文艺复兴运动突出地表现在科学、文化和艺术水平的迅速上升，而人们对知识的渴求则寄予高涨的热情。

　　哥特腓力德·威尔赫·莱布尼茨在 1646 年 7 月 1 日出生。这时，文艺复兴运动带来的变革日益明显地出现在人们的社会生活之中，资本主义生产开始发展和向前推进了，同时，人们也意识到，摆脱愚昧和落后现象正是当务之急，目前最需要的就是知识，迫切地需要它！

　　威尔赫的家乡在德国东部的莱比锡市，这既是一座商业城，又是一座文化城，他的父亲老莱布尼茨是当地大学的德育哲学教授，学识渊博，在学术界深孚众望。小威尔赫有幸降生在这样一个家庭里，更何况是在这样一个时代，当然，从小就抱有强烈地追求知识的欲望。

那么，知识是什么？小威尔赫从父亲那儿得知知识就是"哲学"。哲学这个词可以追溯到两千多年前遥远的古希腊时代，实际上，它是"爱智慧"的同义语；至于哲学家这个称谓，则是"热爱知识者"的意思。哲学是一切知识的概括，无论是法律、道德、宗教、自然……都包含在内，归根结底，它是讨论人们怎样看待整个世界或社会的学问。

在一个五岁幼童的心田里，追求"哲学"的种子被播下了。可悲的是，六岁那年，他的父亲兼启蒙教师过早地谢世。从此，除了学校之外，家里丰富的藏书也成为"哲学"的传播者。莱布尼茨十四岁的那年，他

几乎浏览了父亲留下的全部图书，尽管有不少内容对他是极为陌生的，但是他清楚地知道，要了解前人究竟发现了什么，必须从那些白纸黑字中去寻找，而且，只有熟悉先行者的足迹走向，才能为自己确定继续前进的道路。

逐渐成长起来的少年莱布尼茨面对五光十色的社会以及异彩纷呈的各科学问感到无可适从了，他开始认识到知识的"无涯"，也对自己的浅薄感到自轻。可是，他很快就意识到正因为本身的无知，才必须更加刻苦地、多方面地去汲取知识的营养。同时，15世纪德国数学家尼古拉主教的著名观点"博学者最无知"又给他以一种哲理启示，正如同古老的中国名言"学而后知不足"那样，诱发他内在的渴望情绪，日益奋进地为追求知识而从不稍懈微怠。

莱布尼茨的一生都是在这种求知不息的思想和行为支配下生活的。直到晚年，他还是认为，自己终生努力的主要动机就是要寻求获得知识的普遍方法。的确，他在许多领域中成功了，最终成为饮誉全球的大科学家，但是，作为一位大科学家，他有什么秘诀吗？

也许，孜孜不倦地毕生追求着"哲学"，这就算是他的秘诀。

峥嵘岁月

天赋、勤奋以及旺盛的求知欲使莱布尼茨的学业长进大大地胜过所有同学，根据师长们的评价和建议，他用差不多比同龄人缩短三年的学程结束中学生活。1661年秋天，十五岁的莱布尼茨考上莱比锡大学，攻读法律专业。

但是，吸引这位少年大学生的学科远远不止法律一门，他的兴趣遍及史学、哲学、语言学、生物学、神学、地质学、物理、数学、国际关系学等。幼年时代发愿要了解前人所发现的一切，看来是完全不可能的，象征人类文明的知识财富实在是太多太多，可是他想，正因为存在有取之不尽、用之不竭的源泉，自己尤其不应该辜负大好的青春年华。

1665 年，莱布尼茨以优异的成绩从莱比锡大学毕业了，他的毕业论文是与逻辑推理有关的理论，由于答辩顺利，获得哲学学士学位。然而，他不满足目前的水平，于是，便进阿尔特道夫大学继续进修。

1666 年，莱布尼茨完成了一份一般推理方法的论文《论组合的艺术》，企图将理论的全部真理性归纳形成统一领域，提出要建立一种所有人都能理解的"概念性普遍语言"，利用它来进行推理，使整个推理过程具有类似数学运算的性质，以消除日常语言中的不确定性。《论组合的艺术》的内容能够将哲学的逻辑性贯穿于数学理论之中，既新颖而又有创见，莱布尼茨立即据此被授予博士学位；同时，鉴于他知识广博，又善于思考和分析，富于独到见解，教授们一致推荐他担任本校教授。

1667 年秋，莱布尼茨教授应邀到荷兰讲学，旅途的所见所闻使他耳目一新，眼界大为开阔。他想，大学的校园犹如樊笼一般，怎么可以将自己当做鸟儿，被禁锢在其中呢？就在从荷兰归国途中，他到达德国西南部的美因兹，结识了当地政界的一名官员波义纳伯，波义纳伯对这位年轻学者谈吐之中的旁征博引，以及对时政的观点和论述是那样具有独到见解大为惊奇，立即将他推荐给美因兹选帝侯菲力浦。莱布尼茨在美因兹小作游历，对法政进行一番调查研究，然后返回阿尔特道夫大学。1669 年，他辞去大学的教职，到菲力浦身边供职，决心为整个社会服务，以实现多年来一直萦回于脑际的学以致用的愿望。在美因兹，他发挥出自己的特长，极力从事法政的改革工作。经过一段时间的社会调查，整理了大量资料，将分析和改进意见汇成上万言书面材料，呈请选帝侯决断；同时，将大量论文寄往英国皇家学院、巴黎科学院以及欧洲其他学术团体，抒发自己对社会变革的见解。

1671 年冬，菲力浦百里挑一地选中莱布尼茨担任外交官。从此，他得有充分机会频繁地涉足巴黎、伦敦等欧洲人才荟萃的城市，结识许多知名学者，去聆听他们的精辟论见；同时，他还有机会考察异国的社会、风土、人情，于是，脑中贮藏的知识更加充实，眼前的视野益发宽广了。

1676年，莱布尼茨应汉诺威选帝侯腓特烈公爵的聘请，来到汉诺威。这个风光秀丽的德国北方城市立即成为他意中的居留地，他先后担任过图书馆馆长、宫廷参事等，始终是不知疲倦地投入这项、又着手另一项的研究，他不断地创新、改革，硕果累累。

1700年，德国成立柏林科学院，他被委派担任第一任院长；此后，他仍常居汉诺威，兼事历史编纂工作，直至1716年11月14日去世。

坠入爱河

早在莱布尼茨在为美因兹选帝侯服务的岁月里，这位风度翩翩的外交官便引起众多社会名流的注目，而朋友们善意的关怀首先表现在要帮他建立一个称心的小家庭，美因兹的大家闺秀、小户碧玉。温柔美貌而饱学多才的女郎比比皆是，可是莱布尼茨却冷若冰霜。

他有自己独特的人生观，要知道，人的一生是多么短促，如果不能分秒必争地去充分利用这有限时间，那将会引起多大的遗恨！有那么多的事等待着去做啊，怎么能去考虑成立家庭，让无休止的家务去拖累呢？

其实，他另有所钟，早已坠入爱河。数学——多么令人倾慕的女神！他的心中只有她。他相信，只有她才能与自己结下不解之缘，白头偕老，这点是坚定不移的。

当他还是莱比锡大学的学生时，数学就已牢牢地攫取他的心。初入数学之门的徒弟首先接触的便是那部洋洋大观的欧几里得《几何原本》，它的伟大历史意义在于它是用公理法建立起演绎的数学体系的最早典范，莱布尼茨深知，对于一名大学生来说，倘若漏掉"欧几里得几何学"这一课，将是终生遗憾。当时，莱比锡大学的老师并未能给学生们满意的教习讲解，那么，作为几何学的爱好者，就只好去另寻名师指点了。

那时，耶拿大学的教授厄哈德·维格尔被认为是对欧几里得几何学最有造诣的权威，莱布尼茨便想方设法经常去耶拿旁听。虽然耶拿距莱比锡仅五十多公里，但对这名大学生来说，是多么劳累和不容易！他的诚心使维格尔深受感动，便约定于假期在家中专门接待莱布尼茨，单独为他授课。

在维格尔特殊指导下，莱布尼茨完成了远远超出法律系范围的专业，他深深爱上数学，并且与它须臾不可分离。但是，尽管他与维格尔交往是早在1663年间的事，过了若干年后，他却说过"1672年以前我还是基本不懂数学"这样的话。那么，1672年发生过什么事呢？

就在这一年，26岁的莱布尼茨在毕生事业的发展中经历一次大的转斤，这就是他在巴黎与许多知名科学家，特别是与荷兰数学家、物理学家、天文学家惠更斯（1629—1695）的会晤，这位蜚声全欧的科学家对他有决定性的影响。

那年，惠更斯43岁，是英国皇家学会的第一位外国会员，在各学科的研究方面成果斐然。他俩一见如故，大有相见恨晚之感。莱布尼茨衷心地钦佩这位伟大学者的豁达风度，对于各种学识机理不但能做精辟论述，并且毫无保留地用最简单、迅速的方式表达出来；而惠更斯则用期待的眼光注视着这位求知不懈的青年，从对方敏锐的思维和虚心好学的态度看得出：此人是位难得的人才，前程未可限量！

在惠更斯的影响和指导下，莱布尼茨看到无垠的数学天地，知道笛卡儿、费马、帕斯卡的许多成果，了解当前数学的发展趋向，于是，进一步确立深入研究数学的信念。1673年，他在伦敦逗留几个月的时间内，又会晤了许多英国数学界知名人士，包括英国皇家学会秘书奥丁堡；同时，鉴于他对数学、力学等学科的造诣和成果，莱布尼茨被选为英国皇家学会会员，这对于那时年仅27岁的外国青年来说，委实是获得殊荣。

至此，莱布尼茨与数学之间如胶似漆的缱绻情感已不是任何力量所能分开的了。

在帕斯卡走过的道路上

在欧洲数学界,帕斯卡并不是一个陌生的名字(实际上是姓氏),这位天才的早慧数学家在圆锥曲线、概率论以及椭圆积分等方面都有广泛的建树,尤其是他曾经制成机械计算机、提出二项式展开的各项系数排列图《帕斯卡三角形》,为此而名噪一时。

莱布尼茨从惠更斯那儿了解到帕斯卡的许多往事,读了帕斯卡的一些遗著,关于《帕斯卡三角形》,他也是在巴黎才听说的。帕斯卡于1662年去世时年仅39岁,惠更斯在谈到故友时,无限伤感地叹息说:"唉,他过早地离开了这个世界,人类多么不幸啊!"

关于计算机,早在青年时代,莱布尼茨就有了初步认识,他曾经说道:"让一些杰出的人才像奴隶般地把时间浪费在计算工作上,是不值得的。如果利用计算机,这件工作便可以放心交给其他任何人去做。"的确,人类是生活在一个数值繁乱的世界里,不光是数学家要进行繁琐的计算工作,所有生活和生产活动也不例外,特别是当时的天文学家,最感到头疼的事,无过于对许多位的数进行计算。因此,莱布尼茨想构造一台计算机,并不是一时冲动、心血来潮,他说,该给天文学家们松绑了。

1642年,年仅19岁的年轻数学家帕斯卡首创了一台机械式计算机,在计算工具的形式方面开拓一条具有革命性意义的道路,它是利用拨件、齿轮、摇环以及读数窗等部件组成的,能够解决加减运算。莱布尼茨深深地理解帕斯卡设计思想的先进性和远见性,但他对前人的成果从来是不满足的,总是把目标放在更加遥远的地方,立意进一步改进这类机械式计算机,使它具有乘除运算的功能。

但是，从加减过渡到乘除，机械构造的原理和形成必须大为改进，莱布尼茨决心去熟悉机械技术，并且到处访问和请教机械专家，力求得到内行人的帮助。

1671年，莱布尼茨利用工余时间设计的"乘法计算机"（逆运算便是除法）终于问世，并且立即引起全欧科学界的极大震动。人们公认，这项工作是一个划时代的伟大创举，不单纯是将人类的动作交给机械去完成的问题，更重要的是开创和体现了用机械代替人们思维的独特思想。事实上，它成为近代计算工具的嚆矢。

n	0	1	2	3	4	5	6
0	1	1	1	1	1	1	1
1	1	2	3	4	5	6	7
2	1	3	6	10	15	21	28
3	1	4	10	20	35	56	84
4	1	5	15	35	70	126	210
5	1	6	21	56	126	252	462
6	1	7	28	84	210	462	924

图44

莱布尼茨同样地被诱人的《帕斯卡三角形》（图 44）所深深吸引，在图上画出等边直角三角形，斜边的数按序排列竟是二项式 $(a+b)^n$ 展开后各项的系数，例如 $n=4$，在图中得到 1、4、6、4、1 五个数，于是便有

$$(a+b)^4 = a^4 + 4a^3b + 6a^2b^2 + 4ab^3 + b^4$$

不过，莱布尼茨并不知道，在帕斯卡之前约 400 年，东方文明古国中国的数学家扬辉在著作中已经提到过这个结果。然而，莱布尼茨却有更加新颖的构思，他的脑际形成一幅调和数构造的《调和三角形》（图 45），后人称它为《莱布尼茨三角形》。

如果将《帕斯卡三角形》的斜边平放，那么，上面两个数的和是下面相应的数；《莱布尼茨三角形》与之相反，它在上面的那个数分解为下面两个数，亦即下面两个数的和是上面相应的数。

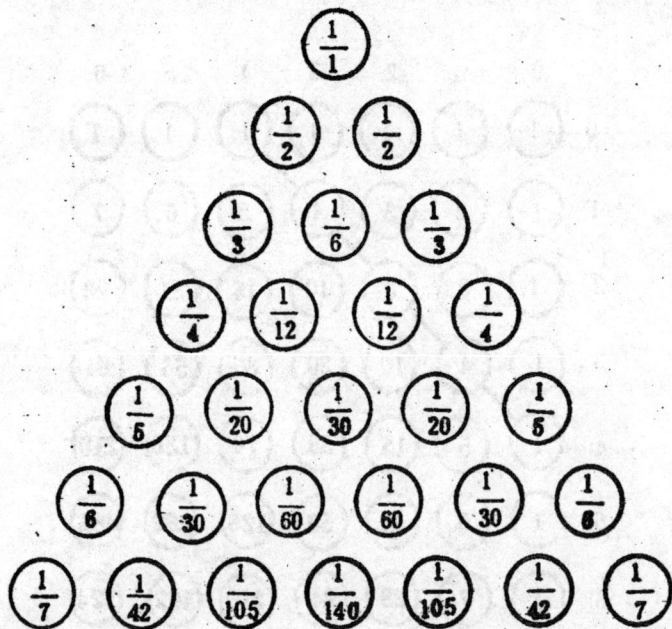

图 45

莱布尼茨三角形与当时困惑着欧洲数学家的"无穷极数"有密切关系，说明这类级数的某些性质。莱布尼茨为此做出了很大贡献。

龙的国度

在世界的东方，那儿屹立着一个文明古国。这是一个充满着神秘色彩的国度，龙——一种想象中的、在云端矫游的飞天动物是她的象征，中国就是她的名字，在那儿生活的人们勤劳、勇敢、聪明、善良……莱布尼茨从小就知道这一切，时常为她心驰神往。

那个国家离欧洲太遥远了，但是，莱布尼茨确信，不管地理位置如何被山海所隔，人类毕竟是要想方设法互相接触，交流心声的。他终于见到一部介绍中国的书籍《马可·波罗行记》，作者马可·波罗是意大利旅行家，三百五十年前曾经去过那个名叫中国的国家，在那儿当了十七年官，足迹遍布整个国土。这部书中揭示那个神秘国家的风土人情以及文化、科学、技术、哲学和伦理学等。莱布尼茨的心无时不在对那个国家产生无穷的遐想，他时常想，世界上的各国科学文化是应该互相交流的，而从事学术交往时绝对不可以将中国遗忘，他甚至设想建立一所"世界科学院"，主要目的是加强欧洲学者与中国同行间的合作。莱布尼茨以无缘亲赴那个遥远的国家考察而深感遗憾。

1689 年，莱布尼茨在罗马结识了在中国住过六年、并准备再度赴华的意大利神甫格里马蒂，同他进行了长谈。为了广泛收集有关科学技术资料，莱布尼茨交给格里马蒂一份清单，开列内容包括火药制造、养蚕、纺织、造纸、印染、农业、园林、冶金、化学、医学、航海，以及天文、地理、历史、哲学和语言文字、风土人情、生活方式等，共有三十条之多。

1697 年，一本奇特的书《康熙皇帝》在巴黎出版。莱布尼茨立即被它的传奇式描述深深地吸引住了，这本书的奇特之处在于它并不是通常人们所熟悉的那种叙事式形式，而仅仅是一位法国传教士从中国回来后，呈上法王路易十四的奏折。莱布尼茨从《康熙皇帝》书中看到远隔重洋的那位东方皇帝的惊人天赋，以及对科学技术表现出的空前热心。他由衷地寄于钦敬和崇拜之情，而且进一步设想，只有像中国那样，具有悠久文明历史的国家，才有可能产生这种目光远大的杰出人物。莱布尼茨益发向往那个国度的一切了。

就在 1697 年这一年，莱布尼茨根据格里马蒂等人提供的素材，出版了一本名为《中国的最新消息》的文集，他在其中提出和论述了欧洲与中国在文化和科学领域里，相互学习和进行真正平等交流的重要观点。

莱布尼茨认为，与《康熙皇帝》的作者鲍威特（此人在中国取名白晋）保持密切联系是很有必要的。这个传教士于 1693 年回法国，带来康熙皇帝送给路易十四的礼品，并处理一些公务；到 1698 年，鲍威特回到中国，莱布尼茨一直与他接触，通信关系维持到 1702 年。

1698 年，莱布尼茨从鲍威特那儿得知中国有一部古老的哲学著作：《易》，这部书在公元前 12 世纪就问世了，距莱布尼茨时代已经两千多年。《易》用阴阳学说来说明事物的矛盾、对立面、肯定和否定，由于内容深奥，鲍威特要充分理解是不可能的，他想到莱布尼茨的智慧以及对科学求知不懈的态度，便将《易》的要义和部分内容分络给莱布尼茨了。

不料，《易》中的一幅图却勾起莱布尼茨对二十几年前一则往事的回忆。

神秘的八卦

《易》中的那幅画就是"八卦图"，它带着令人难以捉摸的神秘色彩在中国大地上徜徉过漫漫岁月，中国数学家每每回顾各项成果时，都会溯流一直到它那儿。

在《易》中，表示阴、阳的符号用"划"的相分或相连区别：阴以相分的划（两条短线段）表示，阳以相连的划（一条长线段）表示。阴、阳怎么能生成八卦呢？原来《易》中将符号"划"称为"爻"，相分的划是阴爻，相连的划是阳爻，这是构成卦的基本元素；取三个爻叠起，就生成"卦"，它们的形式可以从图10见到。

那么，用阴爻或阳爻每取三个叠起排列，能组成几种不同的卦呢？《易》的作者已经知道，用每取三个爻的方法，可以组成八种不同的卦，这就是"八卦"，它们各有自己的卦名，如乾、坤、离、坎等。

莱布尼茨对《易》表现出的极大兴趣，使自己立即被卷入深究八卦机理的漩涡中去了。但是，指望一位远隔中国数万里之遥的学者，能够解决中国人自己两千多年都未解释清楚的问题，那是不现实的。然而，莱布尼茨以一名无畏的探索者的姿态去迎接历史的挑战，想到从八卦的某一侧面去阐述它的隐秘，或许能够获得某种成果。

他反复琢磨阴爻和阳爻这两种爻形，忽然想到"二"。是啊，如果世界上所有事物都能用两种爻来表示，那么，"二"意味着什么呢？于是，他回想起二十几年前的一项成果。当时，他曾经预言，世界上的数，无论它有多大，都可以用两个数码表示，这数码是 0 和 1。

莱布尼茨的奇怪想法使几千年来一直占据数学阵地的十个数码 1、2、3、4、5、6、7、8、9 和 0 系统动摇了，他所采用的系统是最简单的计数制系统，必须进行逢"二"进位的规定，因此，有 0 和 1 两个数码也就够了。"二进制计数制"的出现惊动了许多数学界名流，人们不知所措地去接受这个大悖常理的挑战，的解太奇怪、太突然了，这创举与传统习惯犹如方凿圆枘，竟是如此格格不入！

为了通俗地阐明二进制计数制的机理和作用，莱布尼茨于 1679 年写出论文《谈二进制算术》，使广大数学工作者思路大为开豁。

莱布尼茨想到，既然中国人认为世界上所有事物都能用两种爻来表示，而二进制计数制用于表示一切数同样是两个数码，那么，这两套不同概念的机理就可能有某种联系。他用 0 和 1 相应地代表阴爻和阳爻，按从下至上的顺序，就出现如同表 1 所示的关系，这八个卦所属的二进制数竟相应于十进制数的 0、1、2、3、4、5、6、7 八个数，他顿时悟出八卦在进位制体系方面的潜在机理。

卦名	坤	艮	坎	巽
卦形	☷	☶	☵	☴
二进制数	000	001	010	011
卦名	震	离	兑	乾
卦形	☳	☲	☱	☰
二进制数	100	101	110	111

紧接着，鲍威特又从中国寄给莱布尼茨另两幅图画：《伏羲六十四卦次序图》和《伏羲六十四卦方位图》。原来，这种卦的每卦是由六个爻组成的，而根据两种爻组合的结果，可以得到六十四个卦形。按照莱布尼茨的二进制数规律，六十四卦正好表示十进制数的 0 至 63 六十四个数。

然而，莱布尼茨本人万万没有想到，他创立的二进制计数制竟然会在二百多年后的电子计算机系统中大显身手。当时，他只是惊慕中国人的智慧水平，而为了对中国文化的景仰，在计算机基本定型时，便将复制品赠送给康熙皇帝一台，并写信建议在北京成立科学院，希望增进东西方的科学文化交流。不过，他的一片诚心却没有得到应有的回音。

虚无缥缈的数

世界上一切生活和生产活动都离不开数，因为所有事物莫不寓有数。自从出现人类以来，就没有停顿过对数的研究，但是，几千年过去了，以人类的高度智慧，还不能揭示它的性质于万一；这的确是一件很离奇的事。可是，有什么办法呢？人们在惊呼数的奥妙之余，就不得不把它的存在归寄于万能的上帝，就是当初上帝创世时，就是用数来点缀天、地的，以致于天空上布满数也数不清的星星，地面上则铺撒着同样是无法计数的沙粒。

　　起初，人们只承认正数，因为它看得见，摸得着；至于负数，一般只被当作是一种记号，以应付运算的需要。中国的《九章算术》一书的作者们首创"正负术"，而在欧洲，负数是通过阿拉伯人的著作传入的，一直到十六世纪中叶，数学家们还把它说成是"荒谬的"、"无稽的"、"虚伪的零下"等等。

　　1545 年，意大利人卡尔达诺（1501—1576）在其名著《大术》中提出解三次方程的求根公式，即对于方程 $ax^3+bx^2+cx+d=0$，都可以化成缺二项式的形式 $y^3+py+q=0$，从而得到其中的一个根值为

$$y=\sqrt[3]{-\frac{q}{2}+\sqrt{\left(\frac{q}{2}\right)^2+\left(\frac{p}{3}\right)^3}}+\sqrt[3]{\frac{q}{2}\sqrt{\left(\frac{q}{2}\right)^2+\left(\frac{p}{3}\right)^3}}$$

　　那么，如果平方根号下的数是负数，该怎么办呢？

　　莱布尼茨时代在卡尔达诺之后一百多年，对负数开平方这样的数仍然认识模糊，它究竟有什么作用，涵义是什么呢？这种数像是悠悠荡荡的幽灵，它闯进数学领域中来的目的是什么？这都是个谜。只是到了 1637 年，人们才在笛卡儿的《几何学》一书中第一次见到负数平方根的名字：虚数，确切地表达这个虚无缥缈的数。

　　莱布尼茨对虚数的理解也不深刻，但是它披着神秘色彩的外衣强烈地吸引着他，尽管他对飘进数学领域的这个幽灵具有多大神通还摸得不透，不过，他预感到，虚数在未来的数学发展中必将大放异彩，一定能派上很大用场。经过一番研究之后，在 1702 年，他对虚数提出一种出人意料的评价，使人们耳目一新。他说：

　　"虚数是上帝心态奔放的奇异创造，它是介于存在和不存在之间的两栖物。"

莱布尼茨看到虚数的作用，也初步涉足它与实数之间关系的研究，他居然运用巧妙的解题方法，解决了一个棘手的复数开方和的问题（复数——实数与虚数之和）。

复数的开方和竟然会等于一个正数的开方，真是奇得不可思议，可是，事实上，他利用复数平方的方法得到以下结果：

$$\sqrt{1+\sqrt{-3}}+\sqrt{1-\sqrt{-3}}=\sqrt{6}$$

上式是数学史上有名的"莱布尼茨问题"。

数学家步入新奇瑰丽的时代

早在古希腊和古中国时期，极限思想就在数学家的理论和实践中形成，其中最有代表性的首推阿基米德的穷竭法和刘徽的割圆术；此后，许多数学家，如费马、笛卡儿等人对"切线问题"的讨论、对函数极值的研究等等，似乎都贯穿一条线，是为了适应力学、天文学以及一系列物理课题的解决而出现。莱布尼茨前些年与惠更斯交往中，已经预感到或早或晚必有新的数学方法脱颖。

莱布尼茨了解到当时欧洲学术界正在努力寻求某种普遍性理论方法，以处理诸如曲线的切线、速度与时间和距离的变量关系、极值、曲线及其围成的面积或扩充为体积等类型的问题。他在研究曲线的切线问题时发挥自己的思想，确定了一种名为"纵坐标差分法"的切线作法，并于1677 年 6 月 21 日致函牛顿，介绍这种方法。这时，他研究曲线的切线问题已经获得相当可观的进展，对于那时欧洲许多知名数学家来说，莱布尼茨远远地走在别人前面，是绝大多数人都望尘莫及的。

那么，求曲线的切线意味着什么呢？

就这个问题本身来说，无论从数学或物理学方面看，它都是极为重要的，例如作透镜设计时，必须知道光线射入透镜的角度，而最重要的角就是光线同曲线的法线间的夹角，既然法线是与切线相垂直的，那么，求曲线的切线对于透镜的设计来说，其重要性就可想而知了。

然而，求曲线的切线还具有更加深刻的意义，那就是：切线是割线对曲线上某点的趋近极限。见图46，如果直线与曲线有两个相邻的交点 P 和 Q，当 Q 点沿着曲线无限接近于 P（从 Q 至 Q_1、Q_2…）点时，直线 PQ 的极限位置 PT 即这条曲线上经过 P 点的切线。于是，求曲线的切线就从另一侧面反映了极限思想。

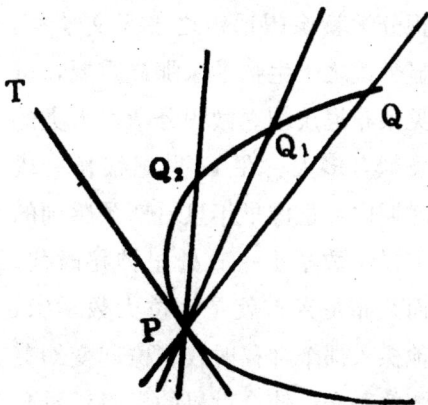

图46

莱布尼茨面临一场严重的挑战，他要彻底解决切线问题，必须创造一种全新的数学方法，于是，他将"纵坐标差分法"向前推进一步，一种新方法"微分学"终于问世。实际上，在致函牛顿介绍纵坐标差分法之前，他写了一部名为《求差切线计算法》的手稿，其中已表露出微分学理论最基本的原理；1677 年 7 月 11 日，他在另一部手稿中进一步予以引申，推出一些运算法则。

1684 年，《学艺》杂志发表了一篇立论独特、思路新颖的文章，它的标题既长而又古怪：

《一种求极大极小和切线的新方法，它也适用于分式和无理量，以及这种新方法的奇妙类型的计算》

莱布尼茨用他的智慧和勤奋，通过这篇文章向全人类宣告：微分学来到了世间。

紧接着，在 1686 年，《学艺》杂志发表了他的另一篇同样是具有划时代意义的文章，它提供给人们"积分学"（积分是微分之逆）。而实际上，早在 1675 年 10 月 29 日的一份手稿中，他已经给出了一部分积分公式。

对今天的科技工作者来说，微积分学就像望远镜之于天文学家、显微镜之于生物学家那样重要，可见莱布尼茨创立微积分学对人类的贡献有多大。在 17 世纪很长一段时期内，正像早年惠更斯预感到的那样，数学史一直处于神秘时代，而莱布尼茨，就是这位大数学家，他探入那个神秘时代，撩起变幻莫测的幕布，使全世界的学者都看到充满神奇色彩的景色，从此，数学家步入一个新奇瑰丽的时代，许多传统的棘手数学难题也冰消雪化了。

他终于成为"哲学家"

从幼年时代起，莱布尼茨就建立一种朝"哲学家"奋斗的目标。作为广义的概念，按照古希腊人的说法，"哲学"囊括所有知识，当然也包含人文科学和自然科学。实际上，作为一名大数学家，他是无愧这个称号的，然而，在他的一生中，贡献给人类的何止这一学科的成就？他的多才多艺堪与我国宋代的博学家沈括（1030—1095）相媲美。他终于成为一名真正的"哲学家"。

莱布尼茨作为"哲学"的毕生追求者，无时无刻不在分析和思考的天地遨游，关于思维的过程，他有一段精辟的比喻，对后人很有启发意义，在他的《短文与文摘录》中写道：

"马里欧特说，人的脑子像个袋子：思考问题就如同要从袋子里抖出东西一样。所以，毫无疑问，是否能想出个名堂来，在一定程度上要取决于机会。我愿意补充一点，即人的头脑更像个筛子：思考问题犹如用筛子去筛细微的东西。晃动筛子时，正在搜索的注意力会抓获那些看来是有关的东西，这又好比抓小偷之类的事情：一个城市长官让全市居民通过一道大门，而被窃者在一旁观察。同时，为了节省时间和减少麻烦，可以采用某种排他法。如果被窃的人说那个小偷是个男的，而不是女的；是个中年人而不是青年人或孩子，那么，所有无关的人就都被排除了，他们就不必过那道门。"（马里欧特——17世纪的法国物理学家）

莱布尼茨在哲学问题上非常注意形式逻辑，他认为，具体地运用形式逻辑这一思维科学是比较深、难的，因此设想一种比数量的代数更宽广的科学，旨在使它行使起来更有点像通常的代数，但可以用于一切数学领域中的推理。基于这种设想，他才着手去创造计算机。关于这件事，他的思想和方法都获得成功，他的信心并不是盲目的，从以下几句话便可以看出："一个解法称为是完善的，如果我们从一开头就能预见甚至证明，沿着这个方法做下去，就一定能达到我们的目的。"

当然，莱布尼茨对逻辑学的认识是初步的，但是，重大的意义在于他的工作具有开拓性。在他的代数中，已经直接或间接地有了这样一些概念，即现代常说的逻辑加法、乘法、等同、否定和空集等等。

即使在数学范畴内，莱布尼茨也是一名博学者，除了发明微积分之外，在许多数学分支都留下足迹；1693年，他拟定了线性方程组的完整解法，由此导致行列式的产生；1678年，他证明了 $n=4$ 情形的费马大定理；他是"位置几何学"的命名者（后来由欧拉提出这个几何学分支）……他是数学语言和符号的大师，"函数"、"纵坐标"的定名以及微积分学和代数学的许多符号的建立都是他的功绩。

莱布尼茨不但自己拥有知识，还把知识的传播看做是一件大事，他对于科学著作非常认真，把它看做是普及知识的重要手段，在《数学笔记》中写道："我打算把书写成这样：让学习的人总是能够看清他所学知识的内在道理，甚至使发明的本源能够显露出来。因此这样写，学习者便能明了一切，仿佛就是他自己发明的一样。"

平地风波

的确，微积分的出现使数学发展进入一个变革时期，它的神奇力量风靡了整个欧洲的科学技术界，当然，微积分创立人莱布尼茨因此而身价百倍也是理所当然的。

1687年，英国皇家学会出版了牛顿的划时代巨著《自然哲学的数学原理》，其中引出了一种令人感兴趣的、构思新颖的"流数术"。想不到这部著作问世后，竟由于这个奥秘莫测的流数术而在学术界引起一场轩然大波。

原来牛顿称连续变量为"流动量"，而这些流动量的导数则被称为"流数"，导数又涉及微积分的基本概念，于是，发明微积分的居先权问题便被一些好事者提出来了。

流数术最早出现于牛顿手写的一页文件中，日期是1665年5月20日，而在1675年10月26日的莱布尼茨手稿中已出现微分、积分符号，看来牛顿发现微积分比莱布尼茨早10年；可是，从发表公开时间看，牛顿却比莱布尼茨晚3年。根据以上事实，1699年，瑞士人丢利埃首先挑起事端，他认为1673年莱布尼茨访问过伦敦，以后又同熟悉牛顿工作的人频繁通信，因此，莱布尼茨很可能是个剽窃者。

一场风暴向莱布尼茨袭击而来，他不得不浪费宝贵的时间参与这场无聊的争论，于1700年5月份的《学艺》杂志上撰文反驳。但是，树欲静而风不止，直至他的晚年1714年，无奈又写了一本书《微分法的历史和起源》，其中他用第三者的身份谈到他自己："在莱布尼茨建立这种新运算的专用概念之前，它肯定没有进入任何其他人的心灵；通过他的运算法则，就可以把想象力从不断地参照图形中解放出来……"

诚然，莱布尼茨与英国皇家学会的成员经常进行学术交流，但是，这对于学术活动的正当性来说，是无可指摘的。就是牛顿本人，也是乐于与莱布尼茨互致心得的交换，特别是皇家学会秘书奥丁堡，从来都是以能够充当这两位伟大学者之间的桥梁感到荣幸。

实际上，牛顿对这位杰出的同代人莱布尼茨的态度是非常诚恳的，他在《自然哲学的数学原理》的第一版中就曾毫不含糊地承认了莱布尼茨的天才。而莱布尼茨呢？他说牛顿的信常使他深受感动。他俩经常相互切磋学术心得，他们之间的友情是深厚和融洽的，两人都具备一名正直的科学家所应有的宽阔胸怀，因此能够无保留地将自己的研究成果通报给对方，丝毫也没有嫉妒和互相抵触的心理和行动。

莱布尼茨和牛顿去世之后，他们的信徒分为大陆派和英国派两大派，争端延续了一百多年，双方都蒙受巨大的损失，它不仅延缓了数学进展，而且埋没了许多优秀的人才。

历史上任何一项重大理论的完成，都是经过多少代人辛勤努力的结果，无论是牛顿或莱布尼茨，也都是继承前人成果再加上自己创见取得成功的。后人认为，牛顿主要是从力学的概念出发，而莱布尼茨则主要是从几何学为思路起步的，他俩携手并进，殊途同归，因此，发明微积分的荣誉理应由二人共享。

莱布尼茨与牛顿同时代（牛顿比莱布尼茨长 4 岁），德国与英国又近若比邻，这种数学史上不幸的风波也可以说是意外的误会吧！

其实，莱布尼茨所经历的类似巧合还不止这一桩。在对圆周率的研究方面，1674 年，他曾经导出一个表达式：

$$\frac{\pi}{4} = 1 - \frac{1}{3} + \frac{1}{5} - \frac{1}{7} + \frac{1}{9} - \cdots$$

当他得到这个式子（后人将这圆周率表达式称为莱布尼茨级数）时，欣喜的心情不可名状，立即将有关资料寄给奥丁堡。不料，他却收到对方这样的回信："您的这项发现的确是值得钦佩的，不过，早在三年前，英国人格列哥里已经有了这个结果……"莱布尼茨本人深知,在通往某项科学目标的道路上,往往都有为数众多的同行人,虽然有捷足先登者,但也有迟到一步的,大家都该明白这种哲理。

欧拉——征服黑暗的人

因为宇宙的结构是最完善的，而且是最明智的上帝所创造，所以，如果在宇宙里没有某种极大或极小的法则，那就根本不会发生任何事情。

——欧拉——

在上帝家做客

1707 年 4 月 15 日，瑞士巴塞尔城的欧拉家一派欢庆气氛，牧师保尔·欧拉的事业后继有人了，怎不叫他喜上眉梢？

老欧拉给这天呱呱坠地的儿子起名为列昂哈德，他看着那双朝奇妙的世界张望的小眼睛，心想，就凭我保尔祖传家教，这孩子将来准是一名出类拔萃的教门后起之秀，二十年后，说不定阿尔卑斯山另一侧的罗马教廷还会选他前去供职呢！

但是，天下事往往朝着并非人愿的方向发展，尽管保尔将自己的期望和在教会中的影响极力施加给儿子，这个孩子的兴趣却不在于此。神学——一门莫名其妙的学科虽然有它独特的理论，神奇的圣经故事和博爱平等的教义确实也使不少虔诚的教徒入迷，然而，小欧拉，这个天生的叛逆者却无动于衷。他是现实观的，对任何自然现象或社会潮流的发生都要问个为什么，而令他感到失望的是，许多疑问无法从神学得到解

释，或者解释得牵强得很，难以使人置信，渐渐地，神学对他的吸引力丝毫也不存在了，取代它的自然是另一门学科。

列昂哈德与其他同龄的孩子一样，有着强烈的求知欲。保尔曾经向当地数学家雅各·伯努利（1654—1705）学习，略通数理，小欧拉耳濡目染，将数学与神学做了适当比较之后，毫不迟疑地一头扎进那些离奇的数字、符号、图形中去了。

这个孩子从小喜爱数学，并且能够解决一些初等数学中的难题，富有创造性的技巧，表明他对这门学科所具有的非凡潜力，很快就被雅各的弟弟、巴塞尔大学教授约翰·伯努利（1667—1748）所赏识，教授决心引导他朝数学领域挺进。

保尔逐渐地看出儿子离经叛道的行为，伤心地向伯努利兄弟诉说自己希望破灭的痛苦，然而，约翰却对保尔激动地大声叫嚷：

"难道你还在指望他有朝一日成为罗马教皇的一支胳膊吗？不，永远不会的。上帝已经为他的前程做好安排，他必须是数学家，也准是空前的第一流数学家！"

保尔犹豫着，无可奈何地摊摊手。

"列昂哈德该回自己的家了，你知道古希腊吗？听说过数学之神阿基米德吗？那才是他的家！噢，至于上帝，对了，这些时候列昂哈德只不过是在上帝家做客罢了。"约翰毫不让步地坚持己见。

保尔终于勉强地屈从了。

1720年秋天，13岁的少年欧拉成为巴塞尔大学一名最年轻的学生。朝气蓬勃、求知不懈的欧拉深受老师的器重，他能够回答老师的许多提问，又经常将自己的疑问袒露给对方，使每个课题都能进一步深入，得到更加深刻的学识，因此学业长进得非常快。

伯努利教授从欧拉的勤奋和天才表现看出这个孩子未来的科学生命力未可限量，怀着对人类前途的高度责任感，无私地承担起培育这株大有希望的新苗的义务，给予欧拉以特别指导。他规定每星期六下午为专给这名学生辅导的时间；让自己的两个儿子尼古拉和丹尼尔随时帮助欧拉学习数学、其他自然科学学科，以及各种社会科学知识。

欧拉辞别"上帝家"回到自己的"家"了。对科学追求的热情像一团熊熊烈火在他的心中燃烧，他不分昼夜、不计寒暑地尽情吸吮着蕴藏知识的各种源泉，而他那勤于思考、善于分析的脑子则成为能够在科学天空翱翔的翅膀。

欧拉的行动表明，他没有辜负伯努利老师的殷切期望，1724年，17岁的欧拉成为世界历史上最年轻的硕士。

情系天涯

1725 年，尼古拉和丹尼尔哥俩受俄国女王卡德琳娜一世的聘请，前往新创建的圣彼得堡科学院工作，他们觉得，自己虽然掌握一些科学知识，但与欧拉比起来，无论在研究方法或是学术成就方面，都远远不及欧拉。于是，他们向卡德琳娜一世极力推荐，接受欧拉进科学院。

1727 年，欧拉来到圣彼得堡，先是作为丹尼尔的助手，以后由于他在数学和力学方面显示的出众才华，很快就独当一面。他在学术讨论会上锋芒毕露，在各种场合发表精辟见解，常见妙语惊人、四座叹服的情景。

祖国、家乡，多么亲切和令人依恋的所在啊！但是，科学是无国界的，如果出自为全人类造福，那么，异国他乡又算得了什么？然而，欧拉万万没有想到，自从 20 岁那年远走天涯之后，再也就没有机会听到巴塞尔大教堂传来的阵阵低沉而肃穆的钟声了。

圣彼得堡科学院人才济济，不但研究条件和仪器设备是第一流的，没有哪一个国家的研究机构能够比得上它，而且又有眼光远大的女王做后盾。当时，全欧洲科学家都以它马首是瞻，因此，尼古拉和丹尼尔能够受聘，可以说是莫大殊荣。

年轻的欧拉既然愿意进圣彼得堡，当然也就会全力投进这空前火热的科学研究行列，要知道，圣彼得堡科学院是一个沸腾的集体啊！只可惜，欧拉来到这儿时，尼古拉已经走了，永远见不到了。原来 1726 年，31 岁的尼古拉，这位受人尊敬的、在概率论方面有卓越成就的教授，正当风华正茂的龄期却一病不起。

好友尼古拉天不假年、赍志以殁的消息传到巴塞尔时，欧拉悲痛万分。但是，那时的欧拉想到青山何处不埋骨，自己暗下决心，异日若得有幸进圣彼得堡，誓捐微躯报事业！

然而，圣彼得堡科学院的事业也并非一帆风顺，就在欧拉到达这儿后不久，女王就去世了，俄国卷入统治者权力之争，科学研究工作的发展受到一定影响，外国学者纷纷归去。1733年，丹尼尔回瑞士，26岁的欧拉接替他，担任数学教授，并领导数学研究所工作。

1741年，欧拉应普鲁士国王腓特烈大帝的邀请，到柏林科学院任物理数学所所长，直至1766年，俄国女王卡德琳娜二世恳请他回圣彼得堡为止，一共在柏林居住了二十五年。此后，他一直居住在圣彼得堡，至1783年逝世。

作为一位献身于全人类科学事业的学者，无论他是身在何处，都不会因为国界将他隔离而影响各种学术交流。事实上，欧拉从弱冠到皓首，始终是在为巴塞尔、为圣彼得堡，也为柏林和全欧洲的科学界服务，他和他的下属们，每完成一项成果都要让各地数学家分享。

在另一方面，即使欧拉远离巴塞尔、圣彼得堡或柏林，它们也从未把他遗忘。伯努利老师、丹尼尔等人与他几十年鱼雁频传；晚年从柏林回圣彼得堡定居后，老友腓特烈大帝还是慰勉俱到；1760年，俄国军队入侵德国时，欧拉在柏林，他的家产遭到抢掠，当俄国将军得悉这情况时，立即宣布："对科学，无战争可言。"并给予欧拉加倍赔偿；1766年，欧拉是被按照王室的礼遇迎回圣彼得堡的，女王拨出一套相当考究的寓所给他，配备了十八名侍从，并赠送她自己一座设备完善的御膳房。

欧拉的一生远离祖国，但是，俄国却一直将他看做是自己人。时至今日，前苏联的科学史提到俄罗斯数学的发展部分，都要把欧拉包括在俄国数学家行列之中，因为，在前苏联人心目中，欧拉就是自己的同胞。

伊甸园的果子

在浩浩茫茫的苍穹深处，那儿居住着上帝和他的神仆们，他们尽日在一起谈论着下界的凡人俗事，对世人表现的聪明智慧，居然能够男耕女织，大加赞赏。

这天，上帝忽然想起一件事，他提议：

"伊甸园里还有不少果子，平均分发给所有的人吧！"

说不上总共有多少个果子，也不知道有多少人，反正果子分尽了，一个不多，一个不少。

"真有意思！"几尊神祇不禁惊叫起来。

"人，真是够聪明的。"上帝想。"我倒要再试试看，他们的智慧是不是够用。"

于是，果子再度成熟时，又一次将伊甸园里的果子分给世人了。当然世上的人不止一个，而且果子数比人数要多出几百倍。

"叫那些凡夫俗子去分吧！"上帝洋洋自得地对神仆们说。"分发给多少人我们就不管啦，只要公平合理，每人所得的个数都一样，而且可不能只集中发给单独一个人。"

人们忙碌起来了。他们把果子发给所有的人，发现无法均分。这时，有一个人站出来，朝大家说："这样吧，我不要了，由你们大家分，也许能够平均分尽。"

试验结果，还是不能分尽。另一个人说："我也不要了。"但仍不能分尽。为了达到平均分尽的目的，又有第三、第四、……个人声称他们放弃分得果子的权利。就这样，这些果子进行了几万万次的分发，历经数万年，还没有找到合适的人数，使果子能被他们平均分尽。

分果子的活动至今仍在延续着，看来希望渺茫得很，人们不时遥望天宇，总想找到上帝问个究竟：这是怎么回事呢？

以上是欧拉小时候听丹尼尔讲的故事，这故事深深地印入少年欧拉的脑海。后来他才知道，它是寓玄妙的机理于"果子的数目"，人们要寻找的数叫做质数——除了自然数1和该数本身之外，没有其他自然数能成为它的因数。

可是，上帝在哪儿？欧拉终于理解了，上帝存在于人们的心头，他是智慧和才能的化身，多少复杂的宇宙结构和世间事物，明智的上帝都能创造出来，他无所不能，他随时与人同在！

1729 年，欧拉获悉费马的一项猜测：

一切形如 $2^{2^n}+1$ 的数都是质数。

的确。当 $n=0$、1、2、3、4 时是对的，可是，当 $n=5$ 时，费马本人并未验算，是对的吗？

1732 年，欧拉在一篇论文中提到

$2^{2^5}+1=2^{32}+1=4294967297=641\times6700417$ 推翻了费马的猜测。这消息不胫而走，轰动全欧，当时人们将这一事件称为"欧拉旋风"。

后来欧拉说："数学这门科学，需要观察，也需要实验。"对探求圆周率值，他发现

$$\frac{1}{1^2}+\frac{1}{2^2}+\frac{1}{3^2}+\frac{1}{4^2}+\cdots=\frac{\pi^2}{6}$$

当时，未能给定严格证明，不免有些不放心，于是，他对式中等号两边做了数值计算，算到七位数字都一致，即等号左边等于 1.644934…，才确认以上圆周率表达式是可靠的。

欧拉引为憾事的是，《伊甸园的果子》这则故事最终也得不到破谜，不过，他曾经选配一个美妙的二次三项式来表达质数：

$$f(x)=x^2-x+41$$

式中 $x=0，1，2，3，\cdots，40$。

这式子是欧拉在 1772 年发现的，当时受到丹尼尔的莫大赞扬。实际上，如用 $y-39$ 代替式中的 x，即可得到下式：

$$f(y)=y^2-79y+1601$$

当 $y=0，1，2，3，\cdots，79$ 时，可得到连续 80 个质数。这个成果具有相当高的水平。

比老师年长十七岁的学生

18 世纪初叶，普鲁士派往俄国的公使克里斯天·哥德巴赫（1690—1764）成为俄国科学院第一批院士之一，是由于他在数论方面的建树良多，声名显赫，在欧洲，他可以算是首屈一指的权威呢！

圣彼得堡科学院成立时，他立即注意到伯努利兄弟的贡献，他知道伯努利家族在欧洲是有名的数学世家，雅各、约翰兄弟叔侄有七、八位堪称为数学家的人物，那么，尼古拉、丹尼尔是将门虎子，自然不可等闲视之。可是，这个年轻人欧拉肯定更是不同凡响，他居然能在伯努利家族中站住脚，仅仅这一点，就足以使哥德巴赫必须刮目相看。

经过几次书信上的学术讨论交往，哥德巴赫已经看出，不久的将来，驰骋数学天地的魁首，无疑地必是这个小伙子。欧拉精湛透彻的论述、严谨而活泼的文风，行行字句都深深地吸引和打动着这位载誉数坛的院士。本来，哥德巴赫比欧拉年长十七岁，又是蜚声全欧的知名学者，作为欧拉的师辈并不过分。可是，在哥德巴赫的内心深处，却蕴藏着一种异样情怀，他惊奇地发现，在逻辑思维和分析推理方面，这个青年的能力竟然远远地超出自己。于是，他经常遇到疑难，就要传知欧拉，从对方索得解决方法和汲取新意，总是把自己放在学生的位置，以向老师求教的姿态出现。

雄踞数学宝座半个世纪的费马数覆没了，就是哥德巴赫向欧拉提供信息导成的。1729 年 12 月 1 日，哥德巴赫从莫斯科给 22 岁的欧拉发出一封信，问道：

"你知道费马在一本书的注中提出的一个质数表达式吗？这就是'一切形如 $2^{2^n}+1$ 的数都是质数'。但是，费马本人说，这是证明不了的；据我所知，在他身后已过半个世纪，迄今还没有人能证明它。虽然如此，人们还是相信它。"

实际上，正如哥德巴赫在不久后看到的那样，那个质数表达式是错误的，根本谈不上证明二字，它被欧拉推翻了。

哥德巴赫与欧拉的友谊与日俱增，两人相互切磋各种课题达十多年之久，例如：

1741 年 8 月 19 日，哥德巴赫给欧拉的信指出："$N=(3m+2)n^2+3$ 对于任何整数 m 和 n 都不可能是某整数的平方数。"欧拉认为这问题提得好，是令人欢悦的，便做出证明，并回敬对方一个看起来简单、而证明却很难的定理："$N=4mn-m-n$ 对于任何正整数 m 和 n 都不可能是某整数的平方数。"

1743 年 9 月 28 日，欧拉曾经收到哥德巴赫的一封信，这封信指出："可以证明，一个整系数多项式

$$a_0x^n+a_1x^{n-1}+\cdots+a_{n-1}x+a_n$$

不可能对于 x 取任何整数值都成为质数；但是，有些多项式可以得到相当多的质数，例如对于 $f(x)=x^2+19x-19$，当 $x=1，2，3，\cdots，46，47$ 时只有四个合数，即 $x=19，25，36，38.$"得到欧拉的认同。

哥德巴赫向欧拉提出的所有求教题都得到了解决，只有一个命题是例外：

1742 年 6 月 7 日，哥德巴赫致欧拉的信中提出了将整数表示为质数之和的猜想，他写道："……任何大于 5 的整数，想必都是三个质数的和。……"这个猜想最后归结为

"每一个 $\geqslant 6$ 的偶数都是两个奇质数之和"

果真是这样吗？可能是的，例如 $32=13+19$，$110=13+97$，……不过，当这个偶数相当大时，能写出那样的两个奇质数吗？

他们两人经过长时间反复讨论和交流，以后欧拉花费相当多的精力，致力于这项命题的研究，但是，他要证明哥德巴赫猜想的愿望始终没有实现。

欧拉的后继者经过二百多年努力，至今仍未得到彻底解决。这个问题实在太难了，人们认为，如果能够证明它，将在数学理论和方法上有重大突破。前景如何，还很难预料。

万能的顾问

哥尼斯堡城（前苏联加里宁格勒）曾经是东普鲁士的首都，它位于普勒格尔河的两条支流之间，这地区风光如画，景色宜人，委实是个好去处，而那条古老的普勒格尔河尤其富有诗意，市民们喜欢称它为"通向自由的大门"。

河的两条支流汇合后流入波罗的海，将当地盛产的矿石、木材等源源输出。就在这个汇合点，形成一座美丽的克奈芳福岛，岛上有一幢教堂、一所大学和一处公园，人们建造了七座桥把河两岸和岛连接起来（图 47）。

大学生都喜欢到公园里温习功课，作健身活动或漫游散步，也时常到岛外的市街去游览购物。有一天，一名大学生忽然想到，要试图走过每一座桥，而仅通过每座桥一次。于是，他花费了几天时间，转来转去，

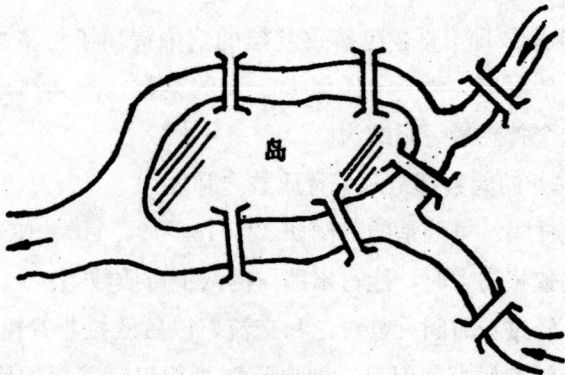

图 47

但是，想选择这样一条路线的尝试一直没有成功。这个设想引起广泛的兴趣，差不多所有大学生都投入解决这道趣题的行列，可是，谁也无能为力。

当时，人们把欧拉当做智慧的象征，相信他是万能的，一切难解之谜到他手中就会冰消雪化，自然地把希望寄托在他身上——人们不管这个问题是不是属于数学或物理学的范畴。

当求教信递到欧拉案上时，他立即看出这可以归属于数学领域，但这是一种崭新的几何学分支。他认为，人们必须突破传统的几何学中"量"（长短、大小等）的束缚，认真地考虑这个问题与桥的长度及其准确位置无关这样一个特点，于是，从讨论顺序和物体间相对位置的概念出发，经过几天的思考，宣布：

"要走过每一座桥，而仅通过每一座桥一次，是不可能的。"

《哥尼斯堡的七桥问题》提出一种新的几何学分支，在我国称为"拓扑学"（拓扑是英文的音译，原意指与地形、地势相类似或有关的学科）。

欧拉也是一个凡人，但是，他除了天才和勤奋之外，更可贵的是具有全心全意为人类服务的献身精神，对于一切求教者从不拒于门外，这样，他的学识才能使他成为人们心目中的"万能的顾问"。

从柏林回圣彼得堡，一踏进科学院大门，他就热情地接待一位踵至的青年自学成才者库利宾。这是一位著名的发明家，正在进行横跨涅瓦河的拱桥设计和这项设计测试的计算，遇到了自己不能解决的问题，在此之前，没有一位科学院院士乐意协助，听说欧拉返回，便抱着最后一线希望求见。

欧拉顺利地为库利宾排除了困难。

1774年，圣彼得堡市的新建会议大厦在紧张的设计中，建筑工程师们遇到一个棘手的问题：如何设计一种结构形式最先进合理、材料用量最省、强度性能最优、占据空间最小的厅柱，这牵涉到柱的"长细比"对受力性能有多大影响。这问题的专业范围并不属于欧拉院士，但是，工程师们只相信欧拉，终于，一个著名的"欧拉公式"建立起来了，二百年后的今天，建筑工程师们仍然离不开它。

欧拉的一生解决许多数学和物理学之外的科学技术问题，如度量衡的标准化、船桅的工作特征、定时系统化等。

心中自有明如炬

1735年，哥尼斯堡城出现的关于如何通过七桥那段精彩的破谜始末风魔了多少人呀！大家在等待着，期望看到欧拉关于这个问题的理论论述，可是，它却姗姗来迟。

当论文《哥尼斯堡的七桥问题》在1736年发表时，人们痛惜地获悉，在1735年已解决的这个问题，论文为何拖了一年才写出，是因为28岁的欧拉不幸因病导致右眼失明了。

右眼失明了！是因病？也许是的。但是，无休止的演算、书写以及经常废寝忘食的工作对他的眼睛健康不无影响；尤其是由于他为了取得天文学的某些数据而经常观测太阳方位，视力迅速减退了。

人们常用爱护眼珠一样来形容光明的重要性，然而，一目失明并没有使这位年轻的教授陷入失望和消极的深渊，相反地，他益发觉得生命的可贵，他夙兴夜寐，勤勉奋发地度过春春秋秋。他夜以继日、不知疲倦地埋头思考，不断创新，从繁忙的业务生涯中练就一身计算技巧；他为了寻求某种独到的便捷方法，经常彻夜不眠地穷追到底；他总是从堆满案头的大量数据中捡取点滴心得，去归纳、探讨和整理；他无尽无休地去实验、踏勘，力图使自己的成果不悖客观规律。除了计算之外，他尤加注意"分析"，因此，习惯于从乱麻般的思路中理出头绪，在疑难问题的解释方面另辟蹊径，并由此开拓出新的分支。

于是，在俄国，在德国，在他的祖国瑞士，多少数学难题在他的脚下解决了，多少新的领域经他开垦出来。他用将近 30 年的时间，对三角、几何、代数、数论、微积分、无穷级数、微分方程、变分计算、函数论以及其他许多方面都做出杰出的贡献；对于数学家视为高不可攀、望而生畏、不敢问津的一些题目，他也敢于持戈挺进，例如费马大定理，他证得了 $n=3$ 和 $n=4$ 的情况，为后人继续攻占这个堡垒铺平了前进的道路。

1766 年，欧拉仅存的一只左眼也只能依稀地看到前方不远的景物，在能够朦胧地看到东西的日子里，他抓紧最后时刻，在一块大黑板上疾书他发现的公式，以及各种引证计算，由学生和助手们抄录下来，并按他的口授内容写成论文。

然而，无情的风霜冰雪总是欺凌濒于凋零的衰草，天公残酷之极，就在这一年，终于最后夺走这个 59 岁老人的左眼。

他彻底地告别了光明。一个年届花甲的人将怎样在黑压压的世界度过风烛残年呢？

命运在向他挑战。然而，他的心中自有亮光闪闪，这就是一名真正的科学家对人类前程的责任感。他用坚强意志回答黑暗之神的挑战，虽然昼夜的概念对他来说已经模糊不清，但是脑子仍然属于他，他要用它来进行更加伟大壮观的活动，为人类的未来创建如花似锦的前程。

欧拉双目失明的消息震惊全欧洲的科学家，人们在伤心惋惜之余，自然会想到数学进展的损失。但是，对欧拉本人来说，与黑暗搏斗，这就是他唯一的出路，除此之外，别无选择。

寻找雅典娜

自从毕达哥拉斯发现直角三角形中三边关系的"毕氏定理"起，在漫长的两千多年时间内，人们对这个定理的深入探索一直没有停止，在研究"毕达哥拉斯数"（即满足于直角三角形的三边都为整数）时，找到了将一个数表为两个整数平方和的规律，譬如 3893 这个数可以写为 $3893 = 7^2 + 62^2$ 或 $3893 = 23^2 + 58^2$.

接着，人们又找到哪些数可以表为三个整数平方和的规律。

后来，发现一切非负整数均可表为四个整数（包括整数零）平方和，可是要证明这个结论是困难的。

1725 年，丹尼尔即将离开巴塞尔赴圣彼得堡时，对欧拉说："去寻找雅典娜罢，相信你会找到的。"

雅典娜是谁？原来她是希腊神话中众神之王宙斯的女儿，智慧女神。

命题"每个自然数都可表为四个整数平方和"已经折磨丹尼尔好几年了，现在他将证明这个命题的希望寄托在欧拉身上，他认为，只有欧拉，才胜任这个命题的证明。

欧拉从丹尼尔那儿知道，1621 年，法国数学家巴切特（1581—1638）曾从 1 起，一直验证到 325，都说明这个命题是正确的，可就是证明不了：费马虽然曾经声称能用自己发明的无限递降法作出证明，然而他又没有提供任何细节：一代数豪笛卡儿也说过这一定理无疑是正确的，可是一提到怎样证明时，他却摇头说："实在太难了，我不敢动手去找证明的途径。"

丹尼尔为了描述证明这个命题的难度，提醒欧拉："除非找到雅典娜，否则，你是不会成功的。"

欧拉束装进发了。但是前路迢迢，尘沙漫漫，要渡过汹涌的恶水险滩，跨越崎岖的层峦叠嶂啊！

欧拉很快就认识到自己是无能为力的，基本功差得远呢！自己所掌握的知识无论从广度或是深度看，都是远远不足的，因此，首要的不是去求证，而应该是打牢基础，做好准备。

五年之后，即 1730 年，欧拉开始研究这个连笛卡儿都望而却步的问题。

但是，雅典娜的芳踪杳然。

欧拉毫不气馁，不沮丧，在 13 年之后，终于找到了一条大有希望的线索，这就是：两个四平方数之和的乘积仍为四平方数之和。即

$$(a^2+b^2+c^2+d^2)(r^2+s^2+t^2+u^2)$$
$$=(ar+bs+ct+du)^2+(as-br+cu-dt)^2$$
$$+(at-bu-cr+ds)^2+(au+bt-cs-dy)^2$$

在以后的日子里，他从未间断这一问题的研究，再接再厉，又过了八年（1751 年），证得另一条极有价值的基本结果，即：

存在 x 和 y 使 x^2+y^2+1 可被任一质数 p 整除：如 k 为正整数，则方程

$$x^2+y^2+1=kp$$

有解。

然而，他还是未能如愿地证明那个 21 年来总在脑际萦绕的命题。

1766 年，欧拉双目失明了，人们同情地猜测，欧拉将在数坛上销声匿迹。但是，这个年迈的数学家没有倒下，他用不可思议的毅力和经过千锤百炼的脑子，在漫漫的黑暗岁月里，凭着记忆和心算探索前进。1773 年，66 岁的欧拉终于证得"一切非负整数均可表为四个整数平方和"这条定理，当时，全欧数学界都震动了。

丹尼尔在贺信中写道："拨开隔绝仙凡的渺渺星云，登上远离人间的宫阙天坛，我终于听见那琼佩银铛，望见你倩影姗姗。……"

四十三年哪！在历史长河中只是微小的涓滴，可是，对欧拉来说，

那是何等漫长和艰难的岁月啊！然而，雅典娜的倩影终于出现了。

五十年前曾相识

自从 1766 年返回圣彼得堡之后，欧拉再也没有与老友腓特烈大帝见过面（即使有机会聚首，欧拉也看不见！），但是，他们时通音问，使深厚的感情得以继续和巩固。

一天，在一次盛大的阅兵典礼上，照例要由官兵们排出几种方阵队形。腓特烈大帝想排出一种别出心裁的花样：从六支部队中各选出六个不同军衔的军官，如上校、中校、少校、上尉、中尉、少尉各一人，排成 6×6 的方阵，要使每行、每列都有各部队、各军衔的军官。

普鲁士王朝的大臣、学者虽然足智多谋，但是谁也解决不了这个看起来颇为简单的问题，最后，腓特烈大帝只好写信向欧拉请教。

欧拉从来没有遇到过这类问题，而且这时已经是双目失明多年的老人，但是这个有趣的题目如此深深地打动他的心，他仿佛年轻了许多，回到那精力充沛、所向披靡的年代，他毫不迟疑地将解答这道题认作是时代给予的考验。

年逾古稀的欧拉锐气不减当年，他开始思考这个问题的答案，在脑子里布置许多符号、数字，绘制一幅又一幅方阵图形。然而，时光无情地流逝，欧拉利用相当多时间去思考、分析、运算，始终未能攻克这座堡垒。

可是，3×3、4×4、5×5、7×7、8×8、9×9 型的方阵是存在的呀，例如 5×5 的方阵，若以 A、B、C、D、E 表示五支部队，以 a、b、c、d、e 表示五种军衔，就可以排出如同图 48 的方阵，每行、每列都有各部队、各军衔的军官，而且排列的方案还不止这两种。

长期的困惑使他恍然大悟：

"也许这是不可能解决的?"

"严谨的治学态度使他习惯于寻根觅源,他认为,如果不能解决,那也应该证明它!

Aa	Be	Cd	Dc	Eb
Ec	Ab	Ba	Ce	Dd
De	Ed	Ac	Bb	Ca
Cb	Da	Ee	Ad	Bc
Bd	Cc	Db	Ea	Ae

Aa	Bb	Cc	Dd	Ee
Be	Cd	Ea	Ac	Db
Cb	Ec	De	Ba	Ad
Dc	Ae	Bd	Eb	Ca
Ed	Da	Ab	Ce	Bc

图 48

往后的日子里,他竭尽心智,证明方法还是没有找到,他只好提出一个"猜想":

当为 $(4k+2) \times (4k+2)$ 的方阵时无解

(其中 $k=0,1,2,3,\cdots$)

发表这个"结论"是在 1782 年,欧拉时年 75 岁。

第二年,在他弥留之际,忽然想起 1732 年推翻费马猜测一事,无限感慨地叹息:让后来者效仿当年我的所作所为,揭开"三十六军官"问题之谜吧!

大江后浪推前浪。1901 年,法国人泰利证明 $k=1$ 时,欧拉猜想是正确的;而欧拉自己容易知道,$k=0$ 时也是正确的。到 1959 年,真相大白了,数学家玻色和史里克汉德彻底推翻了欧拉猜想:原来除了欧拉已研究过的 $k=0,1$ 之外,$k=2,3,4,\cdots$ 的方阵都有办法构造出来。

历史上有许多巧合的趣事,整整过去了半个世纪,五十年前的往事又重现了。当年,费马仅以 $n=0,1,2,3,4$ 对 $2^{2^n}+1$ 进行验算,便猜测形如 $2^{2^n}+1$ 的数都是质数,这个猜测被欧拉推翻了,而除了以上那五个数之外,竟然还没有再出现一个质数。五十年后,欧拉则仅以 $k=0,1$

检验自己的猜想，同样被别人推翻了，而且除了这两个数之外，并没有一个符合欧拉猜想的情况再出现。

欧拉的一生解决过许多复杂的数学问题，如果他有足够的时间，很难说他对方阵的研究就止于此，可惜，"三十六军官"问题的提出实在是太晚了。

未来属于年青一代

后人称欧拉为"分析学的化身"，他的众多数学、力学和其他著作中，最有影响的可算是 1748 年出版的《无穷小分析引论》一书。当时，数学家们将微积分扩大到无穷级数、常微分方程、偏微分方程、微分几何以及变分法等分支，称为"分析学"，由于欧拉对这方面有特殊的贡献，所以才被誉为"化身"。

岁月无情地流逝，使欧拉感到人生的短暂，因此，他总是主动挑起解决那些艰深的、高等的课题的担子，这需要花费多少精力和时间呀！

但是，他还是要挤出一部分时间去挪作他用。他时常想到，任何事业都必须后继有人，才能绵延接续地进行下去，而未来毕竟属于年青一代，所以，他从来没有忘记初等的、普及的数学传播工作。他有丰富的写作经验，常常用富有文艺特色的生动语言为中小学生撰写科普小品。作为全欧知名的院士和教授，这样一位大名鼎鼎的数学大师竟然从事别人所不屑一顾的雕虫小技，不是既浪费又有失身份吗？

欧拉不那么看，反而把对普及低浅数学知识当做老一辈人义不容辞的天职。他常用德、英、俄、法文同时发表引人入胜的数学趣题，并勉励学生扩大知识面，尽量了解当代世界各地兴起的科学进展。当有人劝他要把精力用于研究更艰深的学术时，他总是笑着回答："我们必须'毋忘青少年'"。由于他的带头，那时欧洲各国的科普创作活动达到空前的繁荣。

欧拉在《各种几何证明》的札记中叙述许多专门问题，如后来被称为欧拉圆、欧拉直线、欧拉点等的问题，引起读者对几何产生浓厚的兴趣。即使在双目失明的岁月里，他也还是十分热情地为青少年撰写科普读物，1767年和1770年分别口授助手写成《通用算术》和（代数）二书，这些书说理透彻、文情并茂、生趣盎然。

以下录《代数》中的三道习题，可见一斑：

一、驴子驮着几百磅重物，气喘吁吁地慢步向前。它实在是太累了，这么重的东西压在背上，真是够受的！

它回头一看，骡子跟在后面，也是三步一停，看来该是吃不消了。

"咳，主人真是够狠的，给我这么大重量；再说，他还有点偏心眼，给你的重量大概要比我轻一些。喂，骡老弟，要是把你的重量给我一百磅，那么，我驮的就是你的两倍啦！"驴子忿忿不平地对骡子发牢骚。

只见骡子上气不接下气地回话："你还说风凉话！驴老兄，要是把你的重量给我一百磅，我驮的可就是你的三倍了。"

一个过路人听到驴与骡互相埋怨的对话，不胜诧异，心里暗自盘算：那么，这两匹牲口各驮多少磅重物呢？

二、老人辗转病榻已经几个月了，他想，去见上帝的日子已经不远，便把孩子们找到床前，铺开自己一生积蓄的钱财，然后对老大说：

"你拿去100克朗吧！"

当老大从一大堆钱币中取出100克朗后，父亲又说："再拿剩下的十分之一去吧！"

于是，老大照拿了。

轮到老二，父亲说："你拿去200克朗和剩下的十分之一。"

老三分到300克朗和剩下的十分之一，老四分到400克朗和剩下的十分之一，老五、老六、……都按这样分法分下去。

在全部财产分尽之后，老人用微弱的声调对儿子们说："好啦，我可以放心地走了。"

老人去世后，兄弟们各自点数自己的钱数，却发现所有人分得的遗产都相等。那么，父亲的遗产总数是多少？有几个儿子？每人各分得多少呢？

三、"那么，你买的猪、山羊、绵羊各多少只呢？"某甲听了朋友某乙的介绍后问道。

某乙也搞不清楚这三种牲畜的数目，他只记得它们一共有100只，是花100克朗买的；而每只猪价格是三个半克朗，每只山羊一又三分之一克朗，一克朗可买两只绵羊。既然两个人都不知道它们的数目，那就得一只一只地清点了。

历尽茫茫风雨路

漫漫黑夜笼罩着欧拉的世界，他只能依靠别人的扶持行走了，堆满室内大摞大摞手稿也只能由别人来分门别类，整理待用。凭着记忆，依赖他人朗读和自己摸索书写，靠着那副运行不息的脑子，去驱除内心的苦闷和焦虑。他难分昼夜地奋力进击，将一切数字、符号、公式和图形……全都储藏在脑海里，然后不停顿地搅拌、筛选、精炼和加工……因为对他来说，"昼"与"夜"的概念已经形同陌路，也不必像通常人们的生活那样，当黑夜来临时，即使工作还在紧张阶段，也必须将它们撂下。

可是，"命运"对他的捉弄并不适可而止，接踵而来的另一不幸事件毁掉了欧拉教授的大量心血，使他步入另一个困境。1771年的一天，一场大火席卷科学院的房区，火借风势，迅速冲进欧拉住宅，64岁的带病老人，此刻正在思考一则重要课题，沉醉于新的意境，完全不知道外界发生什么情况。

火已燃眉，在这千钧一发之际，忽然，一个顶着湿棉套的人猛地窜进火中，一把背起欧拉就朝外跑，到达安全地带时，回头一望，整座房屋淹没在火海之中了。

这是为欧拉做家务的一个仆人，他冒着生命危险将主人抢救出来了，不幸的是，欧拉的书库以及大量研究成果却全都化为灰烬。

欧拉使尽平生力气，挣脱命运布设的羁绊，站起来了，迎着风雪，顶着逆流，挺起胸膛，又向大自然纵深进发了。他没有倒下，而是用那惊人的达观性格嘲弄施加给自己的灾难，继续与黑暗展开殊死的决斗，为了揭开蒙蔽人们的神奇之幕，为了开拓荒漠大地，他忘掉疲劳和残疾，勇往直前，义无反顾。

1776年，欧拉的爱妻柯黛玲永远离开了他，他为失去这个几十年来甘苦与共的伴侣悲伤欲绝，但是他得忍受悼亡之痛，继续奋进，因为他意识到自己的时间也不多了。

他凭着记忆和心算，口授一篇又一篇论文、一部又一部著作。他的记忆力很强，加上从小就训练有素的心算能力，为他创造了在黑暗中飞翔的起码条件。他能够复述青年时代笔记的内容，而且心算并不限于简单的运算，就是高等数学的数据也同样可用心算去完成。在漫漫的长夜里，他做了正常明眼人难以做到的许多事，用顽强的毅力和耐性进行研究、创新，从不稍懈微怠。

欧拉充沛的精力和战胜大自然的信念保持到生命的最后一刻，1783年9月18日，他在庆祝计算气球上升定律成功的盛会上，安详地离开了人间。当时，法国数学家康多塞叹息说："他只有停止了生命，才能停止计算。"

欧拉从19岁至76岁的五十多年时间内，创立数不清的数理论述，他在创建纯粹理论的同时，还应用这些数学工具去解决大量天文、物理、力学以及生产技术等方面的实际问题，他的工作远跨多学科。他是变分法的奠基人、复变函数论的先驱、理论流体力学的创始人……现今，在许多学科中都留下了以他的姓氏为名的科技词汇，如"欧拉风"、"欧拉力"、"欧拉法"、"欧拉相关"、"欧拉数"、"欧拉坐标"等等，以及不可胜数的"欧拉方程"、"欧拉定理"、"欧拉公式"等。

欧拉被称为数学语言大师，在数学书上，人们常可看到他创始的符号：π、e、Δx、i、$f(x)$、sin、cos、tan、Σ……

欧拉写作勤奋，是最多产的科学家，他在黑暗的最后 17 年间，还口述著了多部书和约 400 篇论文。他不倦的一生创作了 886 件书籍和论文，圣彼得堡科学院为了整理他的遗著，足足忙碌了 47 年！

十八世纪下半叶，法国数学家拉普拉斯（1749—1827）曾经对青年学生们说："读读欧拉，他是我们一切人的老师。"这两句话也表述许多科学家的心声。

拉格朗日——最大的愿望是献身数学

喜欢分析的人将高兴地看到力学变为它的一个新的分支，并将感激我扩大了它的领域。

——拉格朗日——

一个伟大的形象

在欧洲的数学发展过程中，17 世纪被称为天才的世纪，才人辈出；18 世纪则被称为发明的世纪，开创性的硕果累累。拉格朗日生活在蓬勃沸腾的 18 世纪，也有过春风得意马蹄疾的时日，发表不尽的真知灼见，那么，他是得到什么启示和鼓舞，才义无反顾地终生献身数学呢？

大凡一位伟人，总有自己经过千思万虑选择的崇拜和信仰的对象，这样才能抉择一生的奋斗目标。可是，拉格朗日从小并不认为自己有朝一日能成为叱咤风云的什么大人物而名垂千秋，然而，他的心目中委实也有一盏指路明灯，不是救世主，不是万能的上帝，而是一位数学天地的先行者——古希腊科学家阿基米德。

从小好读诗书的拉格朗日对阿基米德怀有一种特殊的景仰心情，这位伟人对科学的贡献不亚于鼎鼎大名的牛顿，可是他的成就是在什么基础上获得的呢？拉格朗日不久前听说过牛顿有一段谦虚的表白："如果说我所见较远，那是因为我站在巨人的肩上。"是以前人的劳动成果喻为巨人的肩。他将阿基米德与牛顿做一对比，觉得虽然阿基米德也是站在巨人的肩上，但这个巨人的身躯较之一千多年后的牛顿所说的巨人却要矮小得多，这样，阿基米德的贡献就更加难能可贵了。

有一位意大利学者这样评价阿基米德：

"与其说是人，不如说是神。"

拉格朗日认为，将阿基米德推崇为数学之神是非常合适的，这尊神并不是木雕泥塑的偶像，而是有血有肉的精神支柱，只要是科学家，谁都应该、也必然崇拜和信仰他。

拉格朗日的一生表明，以阿基米德作为奋发上进的楷模，无时无刻不以这位伟人的作为激励自己，正是他毕生献身数学的原动力。

阿基米德在科学上的成就卓著；在品德上、对祖国和人民的无限爱心上以及事业心和责任感上，始终贯穿着一种无形的高尚气质。这些都是拉格朗日十分钦佩和仰慕的因素。

拉格朗日认为，阿基米德在数学思想发展中的最重要贡献是注重建立数学与科学技术的联系。数学本来是从生产和科学技术的实际问题中产生的，然而，随着数学发展中抽象化程度的增长，却出现了一种把数学同科学技术割裂开来的思想倾向，阿基米德勇敢地力挽狂澜，才扭转这种倾向。

拉格朗日注意到，阿基米德把数学知识广泛应用于物理、天文和工程机械中各种问题所起的积极作用，反过来，在应用过程中又促进了数学的发展（阿基米德经常显示出用力学方法解决数学问题的才能）。

拉格朗日决心发扬阿基米德的思想方式，不断地努力和进取，按阿基米德的方向另辟蹊径，终于，到达了另一些美妙的境地。他的得意之作——将力学变成分析学的一个分支便是为阿基米德锦上添花的明例。

选择

钱财与科学二者选一，拉格朗日毫不犹豫地要了后者。

1736年1月25日，拉格朗日生于意大利的都灵。祖父是法国人，祖母是意大利人，因此后人或说他是法国人，或说他是意大利人。

在当时，他所在的家庭是受人羡慕的家庭，轻裘肥马，锦衣玉食；城里有公寓，乡间有别墅；车水马龙，宾客如云。总之，这是一个富有人家。在一般人眼里，攀附这儿的主人自然大有好处，也难怪老拉格朗日得意忘形，面对满座亲朋，四起谀声，每每在飘飘然欲仙之余，就更加体验钱财的能量，益发加紧事业的扩充，期望自己的努力能收到"百尺竿头，更进一步"的效果了。

拉格朗日小时候，父亲的教诲就总在耳边回荡："要努力学习呀，长大之后继承我的事业。"这叫什么事业啊？小拉格朗日一听到"事业"这词语就满心厌烦，可是父亲却不厌其烦地向儿子频频灌输那一套生财有术的哲理，无非是囤积居奇、买空卖空等那种经商艺术。要知道，学校里的老师是肯定不懂的，若是能将自己的丰富经验传给儿子，让他从小就掌握其中一些奥秘，做为父亲，也就尽其职责了。

可是，儿子是忤逆的，有时他也会用反击的语气顶撞几句，说些"君子爱财，取之有道"之类的话。

父亲为儿子选择了道路，但作为长辈的关怀和期待是徒劳的。拉格朗日心目中的神就是阿基米德，这点绝不含糊；在他稍稍长大时，无意中读了哈雷（1656—1742，英国天文学家）写的一篇关于牛顿在微积分方面贡献的文章《在解决求光学玻璃镜的焦点问题时，近代代数优越性的一个实例》，使他眼界大为开豁，对数学产生更大兴趣，献身数学成为最大愿望，立志也益发坚定和不可动摇了。

终于，父亲——一个富有的投机商在最后一次生意交易中彻底破产了。对拉格朗日来说，这是好事还是坏事呢？他晚年回忆这件事时认为，这是他一生中最大的幸运；否则，自己可能是腰缠万贯的大财主，而另一方面，也就不会把毕生心血献给数学。

既然道路已经选定，就不再犹豫了。从此，拉格朗日将全部精力投向发展数学的事业，它是如此神圣高尚，充满青春活力，当然，昔日父亲所选定的"事业"是无法与之比拟的。

对数学的热爱引发他奋进不止，他在学期间，几乎读遍前人成果的有关书籍，浩瀚的数学海洋向他展现了无垠的境界，使他神往不置。他勤于思索、分析的治学风格又为他创造开拓新领域的条件，很快就由于对许多问题有独特见解而做出不少贡献，深受数学界耆宿们的青睐，咸谓此子将来必成大器。

1755 年，19 岁的拉格朗日成为都灵炮兵学校的数学教授。当时，他在那个时代已经是小有名气的"数学家"了。

初生之犊

数学是一门枯燥的、抽象的学科，对于不熟悉数学的许多人都会这样看待。可是，真正的数学家并不这么想，他们从理论和实践两方面的探索中体验到相反的结果，那就是，数学是妙趣盎然的、应用范围广泛的学科。

一个分支的形成往往可以溯源到某个美妙的故事，例如当年欧拉解决了《哥尼斯堡的七桥问题》，也就出现了拓扑学。早在求学时期，拉格朗日就听说过一则兴味无穷的古老传说：

古希腊城邦国家芬尼城泰雅王的女儿荻朵公主不甘寂寞，立志远游异国，但得不到国王首肯，于是用计从父亲身边逃走。她历经艰险，都以智慧制胜，最后来到地中海的南岸北非。公主愿意用珠宝作价购买土地建造别墅，当地居民欺负她年少无知，便说："就这些吗？我看只够一张犍牛皮围成的地盘。"但是，交易还是谈妥了，聪明的获朵将牛皮剪切成非常细的长条，将它们连接起来去围成一块面积。她选择的那块土地的一面靠海，海岸线是直线，只需去围陆地的一面；当时她决定，牛皮条的总长应围成一个半圆。北非的土著看到被一张牛皮围去了那么大块土地，已经后悔莫及，但是他们不知道公主为什么要把面积围成半圆形，宁可用卖土地的财宝奉还，恳请公主教给他们其中奥秘。

后来人们才知道，原来这个问题称为"等周问题"，说明在长度一定的封闭曲线中，什么曲线围成的面积最大。

拉格朗日从有关资料看到，对于那则流传了约两千年的故事所引出的等周问题，从开始一直到 17 世纪末，数学家们实际上并没有做出多少有效的工作。但是，人们都理解深入研讨等周问题的艰难性，而且也预感到随着解决这个问题而来的，必然是一个新的数学分支。

就在数学家们面临等周问题的挑战，而深深陷入困境时，一支异军突起，欧拉通过微分方程和分析学方法得到解决。在 1736 年到 1744 年之间，他做了大量工作，终于将他的成果写进 1744 年出版的《寻求具有某种极大或极小性质的曲线的技巧》一书中，他应用那时被称赞是极为广泛的、简单而又漂亮的公式结束了他的书；而且，他处理了大量例子来证明他的方法的方便和一般性。

欧拉不愧为当时欧洲数学界众望所归的大师，人们为他的成果欢呼，确信除了他，不会有第二个人能够对这个问题做出贡献。

但是，一件意外的事件发生了。1755 年，19 岁的拉格朗日读了欧拉的著作之后，忽然拍案而起，他看出那件作品所介绍的方法并不是人们所赞扬的"简单而又漂亮"，必须加以改进才适用于实际条件。

蜚声数坛的欧拉研究等周问题是从 1736 年起，那年，拉格朗日才降生人间。而如今，这个青年居然敢于向深孚众望的前辈开刀，他写信给欧拉，直指对方成果的不足之处，并且毫不留情地反对人们以"简明"赞扬的溢美谀辞，信中写道："您的方法并不完全具有在纯分析的一个问题上所希望有的那种简明性。"

遇到真正的科学家

自从微积分问世之后，数学方法有了巨大变革，那就是用分析方法处理问题。通常情况下，"数学分析"被用作微积分的同义语；在更多的场合中，数学分析是微积分、级数论、函数论、微分方程、积分方程等学科的总称，也叫做分析数学。当时，欧拉是数学界首屈一指的数学分析权威，有"分析学的化身"的誉称，其造诣之深自不待言。现在，恰恰就在分析学的关节上被拉格朗日不轻不重地当头一棒，那心里会有什么滋味呢？

欧拉称得上是一位真正的科学家。在他的身上，丝毫也看不到有世俗的那种所谓"自尊心"的痕迹。拉格朗日的来信虽然措辞颇有不恭之处，可是这算得了什么呢？值得赞许的是这个青年能够单刀直入地切中要害。而作为一位名教授，此时此刻，应该做的是什么呢？他忽然想起七年前故世的老师约翰·伯努利教授。是啊，大江后浪推前浪，人类就是在这种环境下向前推进的，难道不是这样吗？

欧拉满心欢喜地邀请拉格朗日到柏林科学院面谈，而拉格朗日呢？与欧拉的一夕会晤，立即被教授那种敏锐的目光、虚心的态度以及平易近人的作风屈服了，他感到惭愧而羞涩，甚至近于腼腆了。但是，拉格朗日很快就恢复常态，无拘无束地与欧拉谈吐无间了。

古今历史上有许多忘年交的佳话，但科学家们在学术上鱼水相得的友情则莫过于拉格朗日与欧拉的交谊了，他们促膝长谈数日，大有相见恨晚的感触。拉格朗日表述自己所引进的纯分析方法新意隽永，使欧拉

大为惊奇，他预料到，异日驰骋分析学天地的后继者，非此人莫属了。对拉格朗日而言，能够亲聆这位誉满全欧、声名卓著的大师给自己"偏得"的教诲，真是千载难逢；欧拉的博学广识、精辟论解以及诚恳亲切的话语深深地印入青年拉格朗日的脑际，真可谓"与君一席话，胜读十年书"。

19岁的拉格朗日初出茅庐，对自己的创见性发现充满信心，他已经为等周问题进行过许多工作，用纯分析理论得到了一个一般的方法，对于范围很广的同类问题，这方法是系统而统一的。于是，他总结对这课题的研究成果，写成《论确定不定积分公式的极大和极小的一个新方法》呈请欧拉审阅斧正。

拉格朗日这篇文章的手稿立意清新，果然一针见血地打破欧拉经过十九载艰辛历程建立起来的格局。但是，年轻的拉格朗日毕竟经验不足，一些观点还是存在问题，欧拉建议他继续探索和完善，并且为他提供必要的参考资料。

天外有天

拉格朗日所知道的等周问题体现一种新的数学思想，正如他所作的论文内容那样，引出极大和极小理论的一个新方法。他也读过一些前人著作，了解到数学家们研究这个问题已经历了几十个春秋。

原来，早在 1697 年，瑞士的雅各·伯努利就曾向数学界提出过挑战，内容包括几种情形的相当复杂的等周问题，当时，应战的人踊跃得很，其中也有弟弟约翰。哥哥曾对弟弟戏言，说是如果能够解决这个问题，就奖赏五十个金币。可惜，弟弟没能得到奖赏，后来是由挑战者自己宣布答案的。

约翰·伯努利教授将接力棒交给学生欧拉，欧拉手握接力棒起飞了，终于导致他在 1744 年使那部寻找极大或极小性质的技巧的力作问世。由此，欧拉在当时被赞誉为"活着的最伟大的数学家"。

如今，欧拉看到这名后起之秀的创见和勇气，惊叹他的才识之高。这个拉格朗日居然敢于摒弃伯努利兄弟和欧拉的某些权威性论证，与当代大师欧拉一争高低，真是后生可畏。

可是，拉格朗日涉世未深，学识毕竟有限，他太年轻啊！欧拉决心将自己的论点和全部设想向这个青年敞开无遗，并悉心指导对方以提高其基础理论水平。

拉格朗日从欧拉那儿得知，等周问题只是一类新问题中的一个侧面，这类所谓新问题虽然也是研究极大、极小理论的，但是与传统的变量与

变量之间的极大、极小理论迥然不同，它归结于变量与函数之间的极大、极小问题，蕴含着一种新的数学思想。

拉格朗日由此而豁然开朗，他这时才彻悟前非：原来，如果孤立地看待等周问题，虽然问题能够得解，但不能从中开拓出一条有创见性的道路，只可落得就题解题的狭窄结果。而那些被称之为大师的数学家们则是何等注重"方法"啊！

拉格朗日想到先贤笛卡儿终身探求的"方法"，对照欧拉的启发，终于认识到自己的浅薄。学识有涯而天外有天，这种哲学观点逐渐地在拉格朗日脑际形成，他要重新认识自己，对自己作出恰如其分的评价，绝不把井蛙之见妄送大雅之堂，这多么自惭形秽啊！

拉格朗日现在明白了：等周问题应与同它一类的问题（如最速降线问题、短程线问题）一并考虑，以便找到统一诸多问题的实质性结论，这样，才可以踏出新路。

从欧拉那儿，拉格朗日这才得知，这类问题并不是昨夕今朝的事，半个世纪以来，有多少先辈都曾经为它付出心血啊！这些探索者之中还包括牛顿、莱布尼茨这样的一代宗师！

欧拉所给予拉格朗日的帮助不止是传递前人的信息，并提供必要的资料，使基本上还是孤陋寡闻的拉格朗日大开眼界，而使拉格朗日终生铭感的则是，在恩师欧拉的教诲下，自己才能顺着一条充满希望的大道步入人生。

变分法诞生记

17 世纪末，由于微积分理论的崛起，存在于变量与变量之间的极大、极小问题得到彻底解决，数学界为此欢欣鼓舞。

正当人们额手称庆之际，有人向刚刚静止的水面扔进一颗不大不小的石子，却掀起一场轩然大波：

1696 年，瑞士巴塞尔城一名 29 岁的医生向全欧数学家挑战："设在垂直平面内有任意两点，一个质点受地心引力的作用，自较高点下滑至较低点，不计摩擦，问沿着什么样的路线滑，所花时间最短？"

这个问题可以取屋顶排水设喻：如果屋脊与屋檐的位置不变，做成什么样的坡形，排水最快？外行人从简单的生活经验出发，可能会直观地迅速得出答案，认为理所当然地应将屋面做成直线状坡形。

但是，敏感的数学大师们立即预感到这个问题的潜在力量，眼见一种新颖的数学思想正在萌动，也许不久之后，会有意想不到的特异分支在数学领域中破土而出。当时，连数学界泰斗 54 岁的牛顿和 50 岁的莱布尼茨等人都被卷入这场智力争斗的漩涡，许多人也成功地解答了这个后来被称为"最速降线"的问题。

然而，那位医生对应战者的工作结果并不满意，因为他的初衷原本就不是就题解题的征答，而是期待从某人巧妙的论证过程中得到一种找出解决同类问题的途径，可是，他失望了。

其实，那些数学大师们全都理解医生的原意，他们由于年事已高，或由于为研究其他课题而忙碌，只好将深深的遗憾留给那位医生。

那位医生约翰·伯努利后来成为巴塞尔大学的数学教授。当时，他将解决这类问题的希望寄托在得意门生欧拉身上，并告诉欧拉说，连同等周问题、短程线问题（求曲面上所给两点间长度最短的线），它们属于这类问题的三典型。1728 年，伯努利建议欧拉从事短程线研究，没想到，当时年仅 21 岁的欧拉很快就解决了。

实际上，就这三个问题本身说，此时已经解决。可是它们的普遍解法在哪里呢？由于它们的广度、深度以及内在机理过于复杂，很多人都望而却步，以致于在人们心目中，那是高不可攀的，前景遥远而渺茫。

欧拉经 1728 年至 1755 年之间的不懈努力取得一定成果，但自知解法复杂而难于系统化。就在此时，出现了拉格朗日。为了不使这位青年重踏前人就题解题的老路，欧拉为他指明方向，同时竭尽全力去具体地帮助他进行研究。

1759 年，欧拉夙兴夜寐、苦心孤诣地钻研了 31 年的那类问题终于水到渠成，曙光就在眼前了。他把那类问题的解法取名变分法，最后的论文也已完成，即将于近日送柏林科学院发表。

但是，正巧此时，他收到拉格朗日呈交老师批改的这方面论文，阅看之后，欣喜备至，立即回信盛赞拉格朗日的成就，同时觉得自己的论点和方法稍逊一筹，便决定压下自己的论文不予发表，转去协助拉格朗日补充和完善论文。

在欧拉的指导和推荐下，终于使 23 岁的青年拉格朗日获得创立变分法的巨大声誉。

固然，扶掖后生本来就是老一辈人的天职，但是，欧拉的风范却赢得了全欧洲数学家的景仰。人们建议，在数学史上写明变分法是欧拉和拉格朗日共同创立的。

拉格朗日成功了，他理解这一荣誉的份量和意义有多大，回想近四年的日日夜夜，他陷入一种深深的情谊海洋之中。这是长者对后生、师长对门徒，或是什么其他关系的情谊？他想，也许这仅仅是人与人之间的关系……

学术生涯

拉格朗日在相当年轻时就驰名于欧洲数坛，他的天才和勤奋常常表现在公共场合和文章论著上，人们听他妙语联珠、见他满纸金玉，在钦佩、惊奇之余，还会感到有一种享受感。

在炮兵学校执教期间，他稍有闲暇，就要纵情研究新的数学思想和方法，但总觉得有一种未尽人意之条件，那就是缺乏人才和资料的集中和交流。1758 年，在当地有识之士的支持下，他开始创建都灵科学院，并经常为院办的《都灵杂录》期刊积极撰稿。在六年的期间内，他写了许多具有极高价值的文章，论著内容涉及到微积分在物理学和天文学问题上的重要应用，以及数论、变分、偏微分方程的解等等范围广泛的题目。1764 年，巴黎科学院提出月球天平动问题，悬赏征答，要求用万有引力解释月球何以自转，并永远以同一面对着地球等论点，在诸多数学家逐鹿之中，拉格朗日一举夺魁，获得奖金；他的成功鼓舞了科学院，接着提出更难的木星四卫星运动理论，1766 年，他再次力挫群雄，再度获得巴黎科学院奖励。

就在这一年——1766 年，拉格朗日满 30 岁，他已经炉火纯青，成为蜚声全欧的一名数学界权威。同年，在柏林科学院任物理数学所所长的欧拉受俄国女王敦聘，就要回圣彼得堡科学院工作了，普鲁士国王腓特烈大帝挽留不住，行前，就请欧拉推荐一位合适的继任者，并声称："欧洲最大之王希望欧洲最大的数学家到他宫廷中来"。欧拉毫不迟疑地指定拉格朗日接替所长职位，并说明全欧惟有此君胜任该职。

1766 年至 1786 年，拉格朗日一直在柏林科学院从事研究工作，深受腓特烈大帝的赏识。

拉格朗日是在 1759 年被选为柏林科学院院士的，此后，在 1772 年被选为巴黎科学院院士，在 1776 年被选为圣彼得堡科学院院士。他才华洋溢，在许多数学领域中均有大量建树，除了他自己勤奋努力和具有高度责任感之外，各个科学研究院为他提供了许多方便条件；另一方面，他也为那些科学研究院充实了极为丰富的成果。

1786 年，腓特烈大帝去世。次年，拉格朗日应法王路易十六的邀请，移居巴黎，并为改革度量衡制度不遗余力，在就任米制委员会主任期间做出不少贡献。拉格朗日在数学分析、代数方程理论、变分法、分析力学与天体力学、偏微分方程积分法、球面天文学、制图学等方面均取得了重要的成果。

拉格朗日在数学研究方面所接触的领域都是比较高深的，尤其注重数学分析，他得出了泰勒级数的余项公式、有限增量公式和内插公式，著有《解析函数论》、《函数讲义》等；在代数方面，他建立了方程理论，得出了代数方程根的近似计算法、代数方程根的分离法、方程组的消元法、方程根的分解法以及所谓拉格朗日级数；还有微分方程方面、数论方面……的许多成果。

18 世纪后期，数学界产生了一种"世纪末"的情绪，认为在这一世纪内，已经由欧拉、达朗贝尔（1717—1783，法国数学家）、拉格朗日等人把主要数学问题全部解决了，数学这一领域似乎已经"穷竭"，这样，19 世纪的数学家们只好去研究一些次要的问题了。可是，拉格朗日不这么看，他心目中的数学就像是广阔浩瀚的海洋，是无边无际的，他对达朗贝尔互相勉励地说："难道数学会衰落吗？"

可惜宇宙只有一个

数学是一门万能的学科，天地间的万般事物离开了它就无法"运转"，这一点已经为历代数学家们所深知，而且即使是寻常百姓，也无人不领受到它的德泽恩惠。

可是，数学却总是作为一种依附物而存在于其他学科之中，例如天文学、物理学等的某项新发现，本来是利用数学方法建立起来的，但从来没有人说到它应该归功于数学。当年牛顿明明写过《自然哲学的数学原理》这一名著，人们也是从那里面看到经典力学的基本定律——牛顿运动三定律以及宇宙中星际存在吸引力的万有引力定律，可是很少有人能领会到那是依靠数学的巨大力量才获得的。

在不断完善的"数学分析"犹如虎背之翼，使数学更能搏击风云了。拉格朗日的脑际出现一种全新的想法，他要反客为主。他看到分析方法的强大力量，于是便去进行一种人们始料不及的工作：让力学来为数学服务。

1788年，他的构思变成现实：《分析力学》一书问世了。这是一部划时代著作，它扩大和完善了牛顿的工作，被认为是牛顿之后的一大经典力学著作，后人评论是"它奠定了现代力学的基础"、"将动力学这门学科推进到登峰造极的地步"。拉格朗日把新发展的数学分析应用于质点和刚体力学中，同时，变分法也发挥自己的美妙作用；他指出力学这门学科可以整个地建立在单独一个原理之上，即最小作用原理（变分法的理论基础）之上。他用其最小作用原理对动力学规律作了成功的描述，启示着这概念可以应用到物理学的其他分支上去。通过力学途径，他应用分析方法论证了牛顿关于物质和运动的种种公设，认为它们都符合自然经济原理。

实际上，《分析力学》是拉格朗日在19岁时就开始酝酿的，出书时他已52岁，这部不朽名著化费了他大半生的心血。这部著作的精彩之处是应用全新的数学分析方法，他介绍说："我们已经有了力学方面的各种专著，但是本书的写法是全新的。我曾致力于将力学这门学科，以及解决与它有关的问题的技巧，化归为一般性的公式，这些公式的简单推导就给出解决每一个问题所必需的全部工作。"

　　拉格朗日对于自己的这部杰作不无得意，他在序言中写道："我在其中所阐明的方法，既不要作图，也不要求几何的或力学的推理，而只是一些遵照一致而正规的程序的分析运算。喜欢分析的人将高兴地看到力学变为它的一个新的分支，并将感激我扩大了它的领域。"

　　拉格朗日别出心裁地将力学纳入数学领域内，这是一种破天荒的奇特构想，但他这样做了，而且有了可观的成效。于是，他遗憾地说："真可惜，宇宙只有那么一个，而牛顿已经发现了它的规律，牛顿可算是一个最侥幸的人啊！"

　　《分析力学》建立了一个优美和谐的力学体系，写得又很得体入时，以致 19 世纪的爱尔兰数学家哈密顿（1805—1865）誉它为一种"科学诗"，后来又有一位作家说它把宇宙描写成一个由数字和方程组成的有节奏的旋律。

向人类智慧挑战

　　代数方程的出现可以追溯到公元前 6 世纪以前，那时的古希腊、古印度、古中国等都对它的发展做过有益的贡献。最初，人们轻而易举地解决了一、二次方程的解，于是，自然地会接着去探求三次方程、四次方程以及更高次的代数方程的解法。

　　数学家们预料到解三次方程应该也是不成问题的，用不着大动干戈。可是，他们做的是错误的估计，虽然对于具体的数字方程也能找到求得实数根的方法（例如秦九韶创造的正负开方术等），不过，这是不能使人满足的，因为人们要解决的是找到一种求解三次方程的普遍求根公式，而这种公式却总是"犹抱琵琶半遮面"，似乎得到了，但又消失了。

　　怎样解三次方程？这个问题困惑了数学家两千年，终于"千呼万唤始出来"，在 16 世纪，由意大利数学家解决了；他们又接踵地解决了四次方程的解。

数学家们向五次方程以至更高次的代数方程解的目标挺进了。莱布尼茨、欧拉等大学者也无例外地被卷入为达到这个目标而不懈地奋进的漩涡，但是，他们全都失败了。

作为数学全才的拉格朗日当然不会袖手旁观。他看到前人（如牛顿。他还不知道有秦九韶）成功地解决了数字方程的解，深受鼓舞，但是，摆在面前的问题要艰难得多，这种代数解法必须是经过有限次加、减、乘、除和开方运算来求代数方程根的精确解法，换言之，能不能建立一种可以普遍应用的求根公式呢？

自从三次、四次方程的根式解问世之后，岁月又匆匆地流逝一百多年，在这期间，寻求五次和更高次代数方程解的努力毫无收获。拉格朗日与他的前辈大师的遭遇一样：怀着极大兴趣去研究这个问题，付出了相当多的时间和精力，企图找到一种解五次和五次以上方程的方法，结果照样一无所获。

面对这个悬而未决如此多年的命题，拉格朗日惊呼："它好像是在向人类的智慧挑战！"接着，他只好做出一种猜测性的结论：用代数运算解一般的、高于四次的方程看来是不可能的。于是，他判断说，或者是这个问题超越了人的智力范围，或者是根的表达式的性质必定不同于当时所知道的一切。

然而，他还是对前人用来解四次和四次以下方程的全部方法进行了彻底研究，他看出，他们所用的全部手段都可归结为一种程序相同的方法。当时，拉格朗日给自己提出一个任务：分析解三次方程和四次方程的各种解法，看看这些方法对于解更高次的方程能提供什么线索。结果他发现，对于二次、三次或四次方程，借助于一个低一次的"预解式"，便可以获得方程的解，但当应用解五次以下方程的类似方法去解五次方程时，预解式却是六次的，这样，就使他想到，四次以上方程也许是不能用代数运算来解的？

1770 年，拉格朗日发表了《关于代数方程解法的思考》，开始认识到根的排列与置换理论是解代数方程的关键所在，这就开创了用置换群理论来研究代数方程的新阶段。

拉格朗日企图找到能导致次数低于五次的五次方程预解式的努力没有成功，但是，他的思路却为 19 世纪初数学家们彻底解决四次以上方程求解的理论（高于四次的方程一般不可能有代数解法）铺平了道路，他的工作实际上代表人类智慧回答了关于代数方程理论的挑战。

恩师欧拉

欧拉作为一位"真正的科学家"，对拉格朗日的成长和毕生前途具有决定性影响，变分法的诞生以及以后拉格朗日接替欧拉在柏林科学院所担任职务等一些事例都足以说明这一点。

在欧拉的心目中，这名学生才华出众，将来在学术理论方面必然超过自己，这也正是他所期望的。是的，人类本来就应该是在这样情况下前进的，欧拉时刻感念恩师约翰·伯努利对自己的期望，觉得自己也必须这样对待拉格朗日，这不也是科学家的天职吗？

拉格朗日没有辜负恩师欧拉的心意，果然名师出高徒，而且处处表现青出于蓝、而胜于蓝的事迹。

1748 年，欧拉所著《无穷小分析引论》一书曾经誉噪一时，如今，拉格朗日的《分析力学》则将欧拉的理论向前大大地推进了一步，开创了数学分析发展的新阶段；当年，欧拉花费四十三年时间证得"一切非负整数均可表为四个整数平方和"，事实上，拉格朗日依据欧拉的思路已在欧拉之前三年（1770 年）得到成功的证明，只不过他的证明比不上欧拉的简单；欧拉曾经证明费马大定理的 $n=3$ 和 $n=4$ 情形，但 $n=3$ 情形的证明过程有缺陷，后来由拉格朗日完善；欧拉曾创造用连分式解费马方程的方法，1766年，拉格朗日证明了费马方程解的"存在性"，使欧拉倍加欣喜；欧拉曾列出有关彗星轨道的公式"彗星描绘轨道弧所需的时间仅取决于弧弦及弧端点焦半径之和"，后来拉格朗日加以论证肯定，并说，这公式显示彗星运动理论中最美妙和最有意义的发现；欧拉发现"两个四平方数之和的乘积仍为四平方数之和"而建立的"欧拉恒等式"已为人们所叹绝，后来拉格朗日在此基础上发挥的"拉格朗日恒等式"引人入胜，比前者更加精彩……

欧拉回圣彼得堡之后，仍与拉格朗日鱼雁频仍，学术交流不断。1783年，拉格朗日获悉欧拉去世，悲痛欲绝，决心师承欧拉的学术思想和未竟事业，对欧拉的"强项"数学分析更加发挥得淋漓尽致，特别是敢于作客观评论，澄清了人们对数学分析所存在不切实际的过高盲目推崇，他说："虽然分析学也许比旧的几何学的方法要优越，但是在某些问题中，后者却显得更胜一筹，其原因是……"

1733年，圣彼得堡科学院在政权统治者的干预下辞退外国学者，唯独留下欧拉；1789年，巴黎革命政府曾下令将所有外国人驱逐出境，由于拉格朗日是意大利血统，被列入应驱逐名单，但是，拉格朗日的科学成就和学者风度受到人们的极大尊敬，因此当局特别声明，驱逐外国人的法令对拉格朗日例外。这对师生的遭遇颇有相似之处，他们都以自己的作为赢得声誉。

恩师欧拉的高风亮节始终是拉格朗日的学习楷模。欧拉一生远离祖国，把科学成果看成是全人类的财富，所以，他无论身在何处，都不会因为国界将他隔离而影响学术交流。在这方面，拉格朗日也有同样观点。但是，一件震惊欧洲科学界的意外事件沉重地冲击了拉格朗日：1794年5月8日，法国把自己的伟大科学家——化学家拉瓦锡（1743—1794）送上断头台，其罪状只不过是牵涉到一件被控告的"包税公司"案件，而真正的原因据说是当时拉瓦锡对政治"始终表现消极态度"。

当时，拉格朗日对友人说："砍掉他的头颅只需要一瞬间，可是，也许我们要等一个世纪，才能有像他这样的一个脑袋。"鉴于拉瓦锡的下场，1759年，拉格朗日决心离开法国。就在这年，巴黎成立高等师范学院，他留恋学术生涯，遂打消离法念头；接着，1797年，巴黎理工科大学又继之成立，他就兼任这两所学校的教授。

这两所学校对拉格朗日具有相当大的吸引力，它们后来成为法国科学的温床，培养出一大批世界第一流科学家。正像恩师欧拉那样，拉格朗日也成为众多学者的"恩师"，直到1813年4月10日逝世之日，他始终不渝地呕心沥血，为"为人师表"的事业竭尽全力。

高斯——在数学世界里处处留芳

——妳自然，我的女神，我对妳的认识是多么有限！

——高斯——

您算错了

田野静悄悄，从周围农舍窗户透出的灯光时明时灭地闪动着。

老高斯在门外看到的就是这些。可不是吗？几千年过去了，也许从来没有人对白天与黑夜为什么如此循环不息发生兴趣，当然，那是上帝的安排，天经地义。

不过，今天的夜晚似乎来得格外早，至少弗列得利奇有这样的感觉。这个孩子总往舅舅家跑，那儿有什么呢？噢，手摇纺车、五光十色的丝线、一架陈旧的脚踏织锦机……还有舅妈的疼爱、可口的点心……吗？可是，那儿有舅舅，对弗列得利奇来说，他才是最重要的。他织得一手好锦缎，飞禽走兽全是活的，奇花异葩都是香的，树林籁簌响，溪涧潺潺流哪！他什么都会，都肯教给这个刚满六岁的小外甥。别听他唱起歌来总走调，跳起舞象野熊，背诵那首古老的、人人都熟悉的诗篇《我听见水在流》下句不接上句，应用起乘法、除法常常出错，但是，在小弗列得利奇心目中，舅舅多才多艺，样样精通。

　　小弗列得利奇可不是一个讨人嫌的孩子，尽管他总缠着舅舅问这问那，但从来不去妨害舅舅做活，相反地，有时还是个得力的助手呢！这会儿，看看他那聚精会神地数着织机上的经线条数的姿态，便知这个"伙计"可不含糊。

　　夜幕低低地下垂。不管弗列得利奇愿意不愿意，是该回家了。

　　一阵西风掠面而过，倚门悬望的老高斯感受到一股寒气袭来，转身回屋，把门扉掩上了。

　　"饭菜早就冰凉了。"妻子在嘟囔着。

　　终于，房门被推开，冷风带着小弗列得利奇卷进屋内，背后跟着腓特烈舅舅。

　　"卡尔，我看弗列得利奇是该上学了！"用过晚餐后，腓特烈认真地说出这句话。

　　"大哥，你不是教会他不少知识了吗？我看那就够用了。"老高斯也是认真地回答。

　　"哈哈，那叫什么知识呀，就说算数吧，我倒是要当弗列得利奇的学徒啦！"腓特烈爽朗的笑声掩盖过这间木屋，惊动了在厨房忙乎的妹妹，等她出来想问个究竟时，这儿又恢复了平静。

　　老高斯沉默了。他回忆起去年的一个夜晚，那天，在建筑工地忙碌了一整天，总算将工程完竣了，那么，总共花在这项工程的砖、石灰……的数量是多少呢？他辅开帐本，喃喃地自报数值核算着……

　　当他好不容易算出结果时，不想在一旁的弗列得利奇却纠正说："爸爸，您算错了！应该是……"再核算一遍，果然是错了。

　　"就凭这件事，倒是该让孩子去上学。"老高斯思忖着。可是，他又转念："唉，我这个泥瓦匠，终日劳累，勉强养家糊口，哪有余钱供他呢？"

　　腓特烈当然看得出妹夫在想什么，他果敢地做了决断："好，就这样定了。还有我呢，难道我不是一名出色的织锦师吗？"

就这样，弗列得利奇在七岁这年头终于跨进村里那座小学校的大门。

最底下那块石板

在广袤的德意志大地上，小小的不伦瑞克城并不那么显眼，可人们对它也不陌生，要知道，从柏林西行去汉诺威，那是必经的一个站，再往前不远，也就到达目的地了。

行旅商贾常在不伦瑞克驻足，这样，就用不着去喧闹嚣杂的汉诺威街区客店争得拥挤的一席之地，于是，它也就自然地形成近代所谓的卫星城。不伦瑞克本来就是民康物阜的小城，由于卫星城所起的作用，日益繁荣兴盛，市面井井有条，行人如织，郊区乡村的农民日出而作、日入而息，俱各自得其乐。

公元 1777 年 4 月 30 日，卡尔·弗列得利奇·高斯诞生了。从此，那座不显眼的不伦瑞克城逐渐被人刮目相看，人们都说，原来那儿藏龙卧虎哪，真是一处天灵地杰的好所在啊！

小高斯十岁了。每天清晨，他挎着书包走过长满青草的田埂前往村头上学时，总要低声唱一段儿歌，或者是朗诵几句古代诗篇，脚底一蹦一跳，步伐甭说有多轻快！

包括高斯在内的所有孩子都喜欢听老师讲故事，可是，难道枯燥乏味的算术课也有美妙的故事吗？有的，布特纳老师之所以受到学生们的欢迎，也许就是因为他脑子里贮藏那么多有趣的故事，随时随地都会配合课本内容冒出一两个听起来津津有味的库存品呢！噢，原来 2 和 3 是最美妙的数；13 这个数太可恶了；遥远的中国人在几千年前就知道将 1 至 9 九个数排成方阵，使各横行、纵列、斜线的每三个数得到相等的和，他们怎么知道呢？据说，那张方阵图是从河里爬出的一只神龟背上揭下来的。

这天，布特纳老师一进教室便给学生布置一道课堂作业："1 加 2、加 3、加 4，一直加到 100，总数是多少？"

于是，忙碌的学生开始一个数一个数去加。只隔一两分钟，正当大家开始紧张地计算时，有人将石板交到老师的讲桌上，这就是坐在前排的高斯。

这时，布特纳正在后几排观察学生们的算稿，漫不经心地朝前一瞥，心想，这个全班最小的学生准是瞎写了什么或交了白卷。过了很久，别的学生才陆续地将各自的石板叠在上面。最后，布特纳走到讲桌前，叫唤高斯站立着。

"弗列得利奇，你说说，你为什么不按老师的要求解题？"他一边说着，一边抽出最底下那块石板，高举起来，对着睁大眼睛的全班学生，说："大家看——"

这时，他的目光落在石板上，陡然，被那上面写着的数字"5050"惊呆了。这是准确的答案，高斯没有错。好一会儿，他大声地对着高斯，也是对着全班同学说：

"我，我说不按老师的要求解题，是指不应用老师教给你们的方法解题。刚，刚才我说得有点不太清楚。"布特纳说话时显得有点口吃。

"我想，老师教给我们一个数一个数加起来的方法当然是对的，只不过慢了些。"高斯从容不迫地回答。"因为第一个数和末尾那个数、第二个数和末尾第二个数、第三个数和末尾第三个数等等，它们的和都是一样的，等于一百零一，一共有五十对这样的数，所以总数是一百零一乘以五十，就是五千零五十。"

教室里鸦雀无声。如果有人注意坐在最后排的一位青年，就会听到微细的叹息声。"真是太妙了。"那人轻轻地吐出这几个字。

不速之客

不伦瑞克公爵维尔亨的宽容大度、礼贤下士风范遐迩闻名，虽然他所管辖地区并不大，但是由于他励精图治、宣化教养，因此政通人和，倒是一派太平景象，举国上下常以他的业绩作为楷模。

最要紧的事莫过于"择天下英才而育之"，维尔亨公爵深知这一点，所以，振兴教育始终是他心目中的当务之急。在他的督促指导下，几所中、小学都办得生机勃勃，他自己也与学校的教师们过从甚密，时常组织大家在一起交流切磋教学经验。维尔亨有一个未实现的愿望，那就是，有朝一日，不伦瑞克人的子弟也有几名进哥廷根的。

人人都知道"进哥廷根"的含义，是指去上哥廷根大学。哥廷根城是德国人的骄傲，那儿群贤毕至、少长咸集，名流学者如云，一个多么令人向往的去处！

一天，维尔亨与一些教师聚会时，有人谈到布特纳老师的一名高足，说："这学生姓高斯，具有非凡的天才，又有锲而不舍的勤学精神，思路敏捷，成绩超群，异日必成大器。"向公爵推荐高斯的是布特纳的助手巴特尔斯，他补充说："……那天，我就坐在教室的最后排。……布特纳老师欣喜过望，立刻从藏书中挑选一本最好的算术书送给他。最近，布特纳老师说：'他超过我，我已经没有什么可以教给他的了。'"

维尔亨点头赞许，要求在高斯进中学时重点培养。

巴特尔斯比高斯年长八岁，是个好学的青年，他俩终于成为亲密的师生、学友。

高斯在教师们的关怀、培育下，学业大有长进，可是他从来不满足课堂上、课本里的东西，渴求知识的愿望使他变成了一个"读书迷"，从书本中，他去尽力吸吮营养，加以消化、分解，充实自己的脑海。

现在，他长大了，迈进生命的第 14 个年头。

这天，他醉心于一本新书的情节，边走边看书，不知不觉错了路线，有人拦住去路。

"孩子，你这是往哪儿去呢？"那人拍拍他的肩膀，问道。

高斯抬起头。一位服饰华丽的妇人站在他的面前，探询的目光友好而和善。他深深地施了一个礼，回答：

"夫人，我是在回家的路上哪！"

"可是，这儿是你的家吗？"

高斯朝前望去，不远处的前方和右方都横着闪烁亮光的金属栏杆。

他大惊失色：每天是沿着围栏外侧走过，而今天竟误闯到里面来了。公爵的庄园！尽管那儿没有人看守，但是，这一带居民都清楚，未经许可，是不准入内的。

高斯转过身，待要退出，可一切都晚了。

"我看看这本书。"那妇人顺手取过高斯的书，翻了翻，指着上面的几页文字加以询问。

高斯对书中问题了解得如此透彻，再加上他那彬彬有礼的举止谈吐，惹得对方（原来她就是公爵夫人！）满心欢喜，并立即被引见给维尔亨公爵。

公爵对高斯进行一番考查之后大为赞赏，以自己管区的属下有如此优异的"神童"兴奋不已；进一步了解的结果得悉，原来这个孩子就是四年前巴特尔斯所推荐的那名品学兼优的学生，尤为器重。

"今天下午六时，请你们一家到庄园来，我与你们共进晚餐。"维尔亨在高斯告别时郑重地要他传达这个约会给卡尔。

当卡尔得知公爵将负责弗列得利奇今后学习的一切费用，并要做出最合适的安排时，男儿眼里难得见到的泪水夺眶而出，意外的垂青感动得他半晌说不出话来。

然而，维尔亨公爵的心情比卡尔还要激动，他庆幸这位不速之客的出现，并信心十足地预料，期望不伦瑞克人进哥廷根的现实指日可待了。

数学还是文学

高斯15岁的那年，维尔亨公爵送他入卡罗琳学院深造。在那儿，他顿然体验到天地的博大，世界上五彩缤纷、斑驳陆离，有多少令人神往的旖旎风光啊！他开始接触牛顿、欧拉、拉格朗日等大师的著作了，它们吸引着他，使他惊叹而流连忘返，眼界大为开阔。

从不伦瑞克往西到汉诺威只有一步之遥，在汉诺威折向南行不远便可抵达哥廷根。高斯终于使维尔亨实现为之朝思暮想的目标，总算没有辜负公爵的一片苦心。

公元 1795 年，高斯就读于哥廷根大学。这年，一个与大学生学科关系并不密切的问题闯入他的脑海：中学时代进行物理试验时，他发现每个同学对同一目的物所做观测的结果都有差异，那么，谁得到的数值最精确呢？必须有个科学的判定方法，这是个什么样的方法呢？

原来，任何物理测量都不是绝对准确的。不同观测者对同一量的测量，即使测量是在尽可能接近相同的条件下进行的，也必然显示出细微的差异，这是由于各种因素，包括观测者本人的因素所致，例如对某一仪表的读数，目光角度的不同也会导致差异。为了尽可能地消除由于各类原因产生的一些误差，需从一堆各不相同的测量结果中确定一个最可靠的数值。上述问题落在高斯手中，他是绝对不肯贸然撂下的，就在他18 岁的那一年（1795 年），一个崭新的方法"最小二乘法"被发现了。

即将进入大学二年级了，高斯必须决定毕生奋斗的目标，是攻读数学还是文学呢？

文学，尤其是德国古典文学，具有诱人的力量，它的存在使多少世人为之陶醉啊！高斯从小就喜爱文学，从中汲取情趣、接受陶冶、健全身心，在这方面，他也具有相当水平。那么，数学呢？他经历过的童年和少年时代，以及所正处的青年时代，不是始终与它息息相关吗？怎么忍心与它割舍？

现在他站在十字路口，何去何从呢？既然"鱼"与"熊掌"两者不可兼得，那就必须做出当机立断的抉择了。

最小二乘法的发现为他向数学靠近建立了信心，但是，还不足以将他的爱心全部转向过去，因为他对文学的感情并非泛泛，不可能轻易与它分手。

就在高斯犹豫不决而与两者之一难舍难分的痛苦时刻，一个前所未有的作图问题待他解决，于是，在他面临重大的彷徨关头，一锤定音了。

远在两千多年前，欧几里得就指出，使用直尺和圆规，可以画出正三、四、五和十五边形，以及通过反复二等分这些边所求得的多边形；而对于其余正多边形则束手无策，例如作正七、九、十一、十四和十七边形等，认为那也许是不可能的。高斯看到欧几里得时代以后两千多年间竟没有解决这问题，觉得非常惊奇，经过一番努力，他应用自己创立的解形如 $x^n-1=0$ 的二项方程的代数理论，判定正十七边形是可以作出的。

高斯用几何与代数相结合的巧妙方法，于 1796 年 3 月到底得到一个叱咤风云的结果：用直尺和圆规作出圆内接正十七边形。

正十七边形的作图成功使高斯自己得到极大鼓舞，振奋不已，于是，从此更进一步树立了征服数学的坚定信念，终于决定放弃对古典文学的研究，而投身数学领域。后来，为了纪念高斯的这一重大成就，哥廷根大学建立了一个以正十七边形棱柱为底座的高斯纪念像，供世人千秋瞻仰。

认识数学的最好途径

与高斯同年代的法国数学家拉普拉斯曾经对青年学生们说："读读欧拉，他是我们一切人的老师。"那么，高斯对欧拉有什么认识呢？

高斯从来不放过欧拉成果的精髓，哪怕是一个小小的问题。

人们记得，当年费马想用一个式子表述质数而提出"费马数" $2^{2^n}+1$，可是，他失误了，是欧拉，推翻了费马的猜测，指出费马数并不能作为寻求质数的阶梯。

时过境迁。费马数的扬抑已经成为人们记忆中的历史，昔日噪及一时的欧拉旋风如同过眼云烟那样被人淡忘。如此说来，费马数并不具有什么实际意义了？

不，高斯并不那么看。单纯地对待费马数风波，那就偃旗息鼓了，但是，高斯作出正十七边形，这一个何等重大的收获呀，17——一个多么奇妙的质数！它竟然就是当 $n=2$ 时的费马数。

确实，如果不是高斯，那么，自欧拉推翻费马的这个猜想之后，费马数自然是要被束之高阁的。可是，出现了喜欢寻根溯源的高斯，情况便完全不同了，不灭的余烬又重新燎着，照亮了数学家前进的道路。

对于费马数，当 $n=0$、$n=1$ 时为 3、5，而正三、五边形原是能够作出图的，这么说，也许世人已找到的仅有五个为质数的费马数与正多边形作图都有关系？果真是这样吗？

欧拉关于费马数的研究对高斯的启发非小，经过继续努力，终于导致一个重要的高斯定理的产生，这个定理称：

凡边数为质数的费马数的圆内接正多边形，都可以用直尺和圆规作图。

适应以上定理的正多边形共有五种，即边数为 3、5、17、257 和 65537。

除了欧拉关于费马数的研究之外，"欧拉二次互反律"同样引起高斯的极大兴趣，甚至达到如醉如痴的地步。

那是在欧拉晚年，他听说一则故事：在一次操练时，所有士兵共有多少人，谁也不知道，但正好可以排成一个方阵；现在，要从中抽掉 a 人，并将剩余的人排成每行 m 人的队伍，却正好排成满行，问这个问题怎样解决？

从这则故事的引伸，1783 年，欧拉提出一条著名定理，即后来被称为"欧拉二次互反律"的定理，它的内容是：

若 m，a 是两个不同的奇质数，那么 m、a 中只要有一个是形如 $4k+1$ 的数，则如 $x^2=my+a$ 有解或无解，$x^2=ay+m$ 相应地亦有解或无解；m、a 都是形如 $4k+3$ 的数，则知 $x^2=my+a$ 有解或无解，$x^2=ay+m$ 相应地却为无解或有解。

可是，年迈的欧拉已经来不及去证明这个定理了（就在 1783 年，欧拉离开了人间）。

这个定理是如此重要和美妙，自然深深地吸引高斯，他为欧拉未能完成它的证明惋惜不已，决心继承欧拉的未竟工作。

高斯看出二次互反律的意义深远，称它为"黄金定理"，就在 1796 年做出证明，当时他才 19 岁。证明二次互反律又是高斯一生中最得意的杰作之一，在他的一生中曾用八种不同的方法去证明它。后来德国数学家克罗内克评论高斯的证明时说：

"真想不到，一个这么年轻的人能够独自取得如此丰硕的成果，尤其是对一个崭新的学科提出如此深远而结构严谨的论述。"

然而，后来高斯却说：

"学习欧拉的著作乃是认识数学的最好途径，没有什么别的可以代替它。"

由力卡！

高斯惊人的早慧历来为他所处的年代以及后代许多数学家所赞叹，但是，他富有开拓性的各种成就却与勤奋努力分不开，在学生时代，他好学不倦和进取不止的精神就为教师和同学所垂青和仰慕。他所进行的研究工作甚多是触及前人久未解决的悬案，或是自己开创的理论新领域，普遍具有相当高的难度。

对正十七边形的作图、证明二次互反律只是高斯早斯成果的一点小插曲，而同样精彩的表演也见于他证得费马的一项命题：凡自然数都是三个三角形数之和。

费马身后有多少优秀数学家为它所倾倒啊！但是，经过了一百多年却在 1796 年由 19 岁的高斯解决了。他在同年 7 月 10 日的日记中写下心情激动的记述：

"由力卡！数＝△＋△＋△"

"由力卡"就是"我找到了"的意思，当初阿基米德在就浴时悟出浮力定律，就是带着欣喜若狂的心情高喊"由力卡，由力卡……"奔出澡堂的。

然而，由力卡的意义远不在于高斯的这种心情迸发现象。由于证明了这个美妙的命题，高斯对数论倍加青睐，甚至达到偏爱的程度；同时，对数论的研究益发信心十足了。

首先，他对同余理论进行探讨，并作大范围的发挥，拟定了著名的同余符号，予以实际应用。他给同余式下了定义："如果数 a 可以除尽 b、二数之差，就说 b、对于 a 是同余的；否则就说是非同余的。称为模，在前一情形下 b 和 c 二数中每个数称为另一数的剩余，在后一种情形中则称为非剩余。"于是，他提到记法："今后我将用符号≡来表示两个数的同余式，模则放在括弧内，如

$$-16 \equiv 9 \ (\text{mod } 5), \quad -7 \equiv 15 \ (\text{mod } 11)"$$

一般地说，高斯记法就是现在所用的形式。当 a、b 和 m 是整数时，如果 $a-b$ 恰可被 m 整除，或者如果 a 和 b 被 m 除时具有相同的余数，则可将同余式写成

$$a \equiv b \ (\text{mod } m)$$

中国古代流行的"剪管术"可以用来通俗地说明高斯记法的意义。剪管术实际上是一则有趣的神话故事：一天，王母娘娘把织女找来，交给四条很长很长的中空线，这种线其实就是玉制的薄管（以现代穿电线所用的细塑料管做比喻，再恰当不过了），她对织女说："这四条线是一样长的，拿去作为编织珠帘的辅助材料吧！"根据珠帘花样的需要，织女把这四条"管线"分别按每 2、5、7、9 寸一段一段剪下来，发现每条管线相应地余下 1、2、3、4 寸。珠帘织成后，王母娘娘突然问织女："我

给你的每条线最短的有多长呢?"织女不但手巧,而且心灵,掐指片刻,便报出数来,为33丈零七寸。

按现代数学方法,剪管术的故事相当于求解不定方程

$$x=2y+1=5z+2=7w+3=9u+4$$

而应用高斯记法,就是

$$x\equiv1\ (\text{mod }2)\equiv2\ (\text{mod }5)\equiv3\ (\text{mod }7)\equiv4\ (\text{mod }9)$$

然后通过一元一次同余方程解法求解。

对于高斯来说,"由力卡"何止"凡自然数都是三个三角形数之和",它的意义已大大超越这项命题了。同余式理论的发展、所有形如$8k+3$的数都是三个奇平方数的和,……许多数论问题都由于那次"由力卡"而产生了。

高斯说过的以下几句话足以表达他的心情:"数学是科学的女王,而数论则是数学的女王。它常屈尊去为天文学和其他自然科学效劳,但在所有的关系中,它都堪称第

当头一棒

高斯的论点和成果向来以高度严密性著称,这与他在中学时代听到的一则故事不无关系,那则故事说:

老人眼看就不行了,于是,他把两个儿子叫到病榻前说:"那块珍宝,知道吗?那是无价之宝,归你们二人所有了,每人轮流保管一年吧!"哥俩按父亲弥留之际的遗嘱办了。但是,就所有权说,似乎每人所得的应是珍宝的$\frac{1}{2}$不过,谁也得不到它,那么,所得应是0;可是,有时却能拥有它的整体,那就是说,所得应是1。到底是$\frac{1}{2}$、0或1,哪个数正确呢?

真是难为那位比萨大学教授格兰弟（1671—1742）哪，居然会挖空心思地编构出这样一则令人捉摸不定、莫辨是非的故事。可是，要知道他是遇到麻烦的呀！1703 年，有人请教他：$1-1+1-1+1-1+1-1+\cdots\cdots$是多少呢？

格兰弟用以下式子说明答案应是

$$\frac{1}{1+x}=1-x+x^2-x^3+\cdots\cdots$$

当 $x=1$ 时，可写成

$$\frac{1}{2}=1-1+1-1+\cdots\cdots$$

然而，那人告诉他，答案似乎应该是 0，看看下式便知：

$1-1+1-1+1-1+1-1+\cdots\cdots$

$=(1-1)+(1-1)+(1-1)+(1-1)+\cdots\cdots$

$=0+0+0+0+\cdots\cdots=0$

接着，那人又告诉他，另有他人说答案是 1，根据下式确定：

$1-1+1-1+1-1+1-1+\cdots\cdots1$

$=1-(1-1)-(1-1)-(1-1)-(1-)-\cdots\cdots$

$=1$

正因为有以上三种似是而非的结果，格兰弟才道来那则形象生动的故事。

高斯从这则故事领悟到持数严谨的重要性，他还认识到，如果不加鉴别地引用某些数学论点就可能导致荒谬的结论。因而他毕生的全部工作都是在追求严密性的过程中进行的。

1801 年，高斯酝酿多年的名著《算术探究》问世了。这部书共分七章，都是属于讨论数论的范畴，头四章专讲各种不同情况下的同余式理论，第五和第六两章讨论二元和三元二次不定方程的整数解，最后一章《论等分圆周方程》是全书的精华，它是研究如何将一圆周分成若干等份的问题，亦即作若干边正多边形的问题，在他 19 岁那年已解决。对于第七章，他做了着重说明："作为这一部分之内容的圆周分割理论或正多边形的作图理论，并不完全属于算术的内容……但是对几何学家说来，这些结果和由此发展起来的新真理同样令人感到意外，我希望他们能愉快地加以理解。"

《算术探究》灌输了高斯的大量心血，他自己尽量做到无疵可摘，反复检查，再三核对，力求完善无误，但在序言中仍然不乏谦恭之辞，以就教于各位数学先辈。

《算术探究》立即使高斯置身于第一流的数学家之列，它在数论领域中揭开了一个热烈活动的时期。至于高斯本人，他犹如少年及第，春风得意马蹄疾，他成功了！但他没有陶醉。

当时，数学权威人士都集中在巴黎科学院，为了争得指导性意见，他便向巴黎科学院寄赠该书。出乎意料，受理审阅的那位老先生听说作者是一个年仅 24 岁的青年，并不认真看待，即将原著退回，而且在意见表中写了许多讪笑的言词。

巴黎科学院当事者过激的傲慢态度引起高斯的无比反感和愤怒，同时感到自尊心受到极大损害。可是，高斯所受的这当头一棒，却使数学界无端蒙受不可弥补的损失，因为从此以后，高斯有许多重要成果都不愿意公开发表。

一个伟人的悲剧

后人怎样评价《算术探究》呢？人们认为，这部书奠定了近代数论的基础，应列为历史上最有代表性的数学著作之一，它在数论上的贡献堪与欧几里得的《几何原本》在几何学上的贡献相媲美。可以说，这书给数论研究揭开了一个新纪元，在以后一百年左右的时间里，这个领域中几乎所有发现都可以直接追溯到高斯的研究范畴里去。

　　既然《算术探究》有如此高水平，难道巴黎科学院的数学家视而不见？仅仅只是由于高斯是个名不见经传的年轻人就断然拒绝接受？

　　高斯行文，一向以精炼完美著称，他说过"瑰丽的大厦建成后，应拆除杂乱无章的脚手架"。这固然是好事，但是过于简洁，却给后人理解某些问题的发展过程和思想方法以及具体内容造成困难。因此，德国数学家雅可比（1804—1851）曾说："他的证明是僵硬地冻结着，人们必须将它们融化出来。"挪威数学家阿贝尔（1802—1829）则说："高斯象只狐狸，用尾巴扫砂子来掩盖自己的足迹。"

　　也许，巴黎科学院的数学家对高斯的成果并没有充分认识，才予以摈弃，可是，作为数学伟人的高斯，不能用宽容大度的胸怀去容纳异己，实是历史上的一大悲剧。他认为如果发表了那些别人尚难理解的东西，"黄蜂就会围着耳朵飞"，"引起比俄喜亚人（喻蠢人）的叫喊"，他总是去避免"无谓"的争论，而忽略了许多科学成就都是在争论之中臻于完善的。

　　由于高斯过于谨慎从事，推迟了非欧几何的出现，也给数学进展造成一定损失。

　　自从欧几里得建立几何学基础以来，人们咸以《几何原本》为经典，但是其中的第五条公设远不如其他公设简单明白，因此，是不是可以证明这条公设历来是数学家们研究的重要课题。高斯的同学、匈牙利数学家发克斯·鲍耶（1775—1856）致力第五公设的证明，历时数载，毫无收获。1804年，他曾经将试证资料寄给高斯，高斯指出错误之处；那时，高斯已认识到证明是不可能的，并且有了新的思路。1815年，高斯在《哥廷根学报》发表的一篇书评中暗示过非欧几何的雏影，以后在某些文章和致友人的信件中又几次提到过。

　　非欧几何是传统的欧几里得几何之外的一个新体系，难于被人们所接受，因此，高斯怕"引起比俄喜亚人的叫喊"，始终不愿正面公开发有自己的成果。许多年后，发克斯的儿子约翰·鲍耶（1802—1860）创立非欧几何的学说，并写出论文，作为其父亲著作《数学原理摘记》的附录发表。高斯看到这篇论文，对小鲍耶出众才能评价很高，但他致函老鲍耶说，他不能赞扬这篇论文，因为如果这样做，就等于夸耀他本人三十年前的工作。为此，约翰·鲍耶伤透了心，他一生都带着难以磨灭的沉重心情活着，而这位对数学发展做出巨大贡献的数学家，在去世之后，竟有人给他下个评语："此人的一生没有什么意义。"

几乎与此同时，俄国数学家罗巴契夫斯基（1792—1856）也发表开创非欧几何的理论。高斯少年时代的好友巴特尔斯主持过喀山大学的数学讲座，罗巴契夫斯基曾是他的学生。高斯对罗巴契夫斯基也是赞誉备至，可就是在非欧几何遭到非难时，没有公开地支持他。

非欧几何得到世人的承认是在创立人高斯、罗巴契夫斯基、鲍耶去世之后。试想，曾经被推崇为"数学家之王"的高斯如果肯站出来，那么，靠他的声望和数学界对他的信任感，非欧几何的命运绝对不会落得如此乖蹇。

天文学家慌了手脚

在茫茫的宇宙中，星宿是各有定位的，根据观测结果，天文学家们深信不疑。1781 年之前，人们只知道五大行星，即水星、金星、火星、木星和土星，在太阳系中，它们离太阳的距离分别如图 49 所示，设地球与太阳之间的平均距离为 10，那么，按长度比例计，各行星离太阳的距离就按序如图中所示的 3.9、7.2、10、15.2、52、95.4（其中包括地球共六个行星）。

近似地，可按以下六个数取整：

4，7，10，16，52，100

于是，从水星开始计算距离，各行星离水星的距离就按序如图 50 所

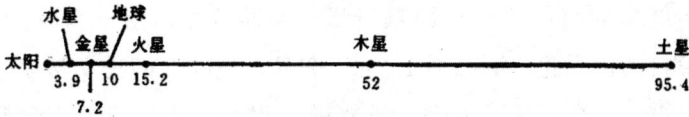

图 49

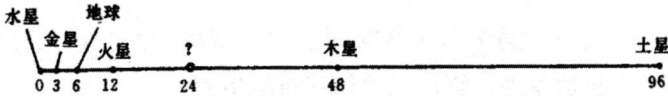

图 50

示，分别为：

3，6，12，48，96

1772 年，柏林天文台台长、德国天文学家波德（1747—1826）总结前人经验，整理发表了一个"波德定律"，提供各行星间的相对距离，就是以上序列。

这样的序列表明，如果在 12 与 48 之间加一个 24，则每一项都是前一项的二倍。事实上，这序列的数与实际距离非常接近，可从图 49 和图 50 比较看出。按这种序列写下去，就有

3，6，12，24，48，96，192……

1781 年，天王星被发现，它与太阳的实际距离为 192，即离水星 188，这个数按波德定律计算的 192 甚为接近（后来知道波德定律不适用于天王星以远的海王星、冥王星等），人们觉得波德定律可行，于是，注意力便集中于寻找离水星"24"处那颗空缺的行星了。

天文学家足足忙碌了 20 年，那颗行星的踪迹杳然。但是，功夫不负苦心人，终于在 19 世纪的第一个晚上，即 1801 年 1 月 1 日晚上，意大利天文学家皮亚齐（1746—1826）在核对星图的作业时，偶然在"24"位置上发现了一颗素未谋面的陌生行星，可是第二天已向西移动，以后他连续观测了 40 天，一直到 2 月 11 日，自己也因劳累病倒，与那颗行星暂别了。

那时皮亚齐是在西西里岛，便把观测结果写信通报全欧天文学家，

请求动员更多的力量去寻找那颗行星。遗憾的是，由于当时战事发生，地中海被封锁，因此，一直到1801年9月，大陆上的天文学家才得到消息，大受震动，全都慌了手脚，虽然做了很大努力，但天宇渺渺，芳踪已难寻觅。

于是，出现一个摆在天文学家面前即待解决的问题：怎样根据皮亚齐提供的极少量数据来计算出该星体运行轨道呢？

24岁的高斯极有兴趣地参加了解决这个问题的行列，他花费了几个星期的时间，终于创导了一种只需有限观测数据就能确定该星运行轨道的方法。人们追循高斯算出的轨道跟踪，果然在1801年12月7日找到那颗久违的行星，它的实际位置在离水星"23.7"处。

这是人类发现的第一颗小行星，被取名为"谷神星"。1802年，高斯又用改进了的方法计算出第二颗小行星"智神星"的运动轨道，在这次计算中考虑了太阳系其他行星所产生的摄动影响。

名垂千秋

1807年，高斯受聘为哥廷根大学教授，并担任新建天文台台长，除了短期任汉诺威和丹麦政府的科学顾问之外，基本上是在母校执教，直到1855年2月23日逝世为止。他的一生是奋斗不息的一生，也是为数不多的、具有强烈开拓精神的数学家之一。他知多言少以及埋头苦干、不抢风头的品质也堪为后人的楷模。

高斯学识渊博，不单对于数学贡献甚大，其他学科如天文学、磁学、测量学等也多有建树，他一生中发表了155种论著，还有不少著作未正式问世，是他去世后由别人整理出版的。他开创的哥廷根学派培养出几代卓越的数学家，如黎曼（1926—1866）、克莱茵（1849—1925）、希尔伯特等犹如群星璀璨，以致该派学人常自豪地宣称："哥廷根以外无生活"。而他本人则被赞誉说："在数学世界里，高斯处处留芳。"

高斯逝世时，当时的汉诺威公爵发行了一种纪念币，上面写着："汉诺威数学家之王"。无需解释，人们知道这指的就是高斯。

沃特豪森在为高斯所致的讣告中说：

"他总是努力使其研究成果成为完善的艺术品。除非他做到这点，否

则他决不罢休。因此，他从不出版达不到他所希望的形式的作品……"

的确，他总是把每一种数学讨论压缩成最简洁、优美的形式，从下例可见一斑：

1836年8月，他的好友舒马赫来信说，关于通过椭圆外一点作它的切线，勒姆柯尔有一种方法（图51的上图）：过 P 点画出任意四条割线 PA_1B_1、PA_2B_2、PA_3B_3、PA_4B_4；连 A_1B_2、A_2B_1 交于 C 点，连 A_3P_4、A_4B_3 交于 D 点，连 C、D 交椭圆的点 Q_1、Q_2 即是切点，从而可得切线 PQ_1、PQ_2。

舒马赫说："这是很漂亮的解法。不过，我看有三条割线就够了，因为这样也能得到 C、D 两点。"（图51的中图）

可是，收到信六天后，高斯致舒马赫的信中却说："其实，只需两条割线就能得到 C、D 两点。"（图51的下图）

数学研究需要思想高度集中，高斯时常沉浸在无比美妙的静谧环境里。1807年，他的妻子临终前，他正在专心致志地埋头于某一命题的探讨，有人告诉他，夫人快咽气了，可是，他却说："去跟她说，请她稍等一会儿，我马上就好了。"

高斯的家庭很不幸，先后两个妻子都在年纪轻轻时死去；他有过六个子女，可只有一个死在他的后头。

高斯灵敏的思维一直保持到生命的最后一刻，他晚年自学俄语达到写作水平，有许多创见是在年逾古稀时完成的。

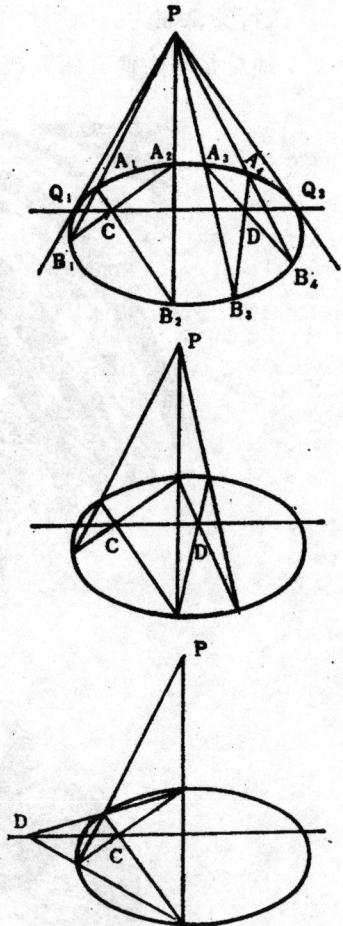

图51

希尔伯特——引导数学继往开来

我们必须知道。我们必将知道。

——希尔伯特——

向往自由

在数学发展的进程中，哥尼斯堡城是非常令人神往的去处，当年欧拉就是在这儿首创拓扑学的。

1862 年 1 月 23 日，这座古老的城市又增添了新的色彩。就在这天，一个非同小可的天才人物诞生了，他的姓名是大卫·希尔伯特。

小希尔伯特出生在一个具有典型的严父慈母的家庭。父亲是法官，给予儿子的早期教诲自然是循规蹈矩的正当品行，准时、节俭、勤奋、遵纪守法、信守义务等都是必不可少的起码要求；按照老希尔伯特的期望，儿子将来一定克绍箕裘，成为一名出色的法官。母亲虽然出身商贾之门，但却由于知书达礼而颇具大家闺秀的风范，她对哲学和天文学有兴趣，而尤其迷恋质数，常常讲些"第一等数"的故事给幼小的儿子听；在夏夜里，小希尔伯特在梦幻般的众多星座下面听母亲讲述各路星神的传说，真是如醉如痴，而母亲所谓的那种第一等数原来就是质数，它更是深深地渗入他纯真的、白纸般的心灵之中，也许，母亲的爱、母亲的期望全都灌注在这样无形的期待之中了。

在希尔伯特少年时代，德国人如果希望将来成为牧师、大学教授或某一方面的专家，都是上预科学校去打好基础，实际上这就是小学和中学学程。他的双亲为他选择一所声誉极高的皇家腓特烈预科学校，可是，希尔伯特却并不满意，因为这学校的课程因循守旧，死记硬背的内容太多。的确，某些学科是需要将大部分内容强塞进脑子中去的，譬如说拉丁语便是；而另一些学科呢？那是灵活的、自由的，譬如说数学，不用说，它变化多端、不拘泥于呆板的记忆；希尔伯特希望自己是翱翔蓝天的飞鸟，是翻波逐浪的游鱼，可惜，这所学校太令人失望了，于是，他决意转学去另一所学校。

1879 年 5 月，预科学校最后一学期开始时，希尔伯特转到威廉预科学校，这学校很注重数学，这是一门非常适合他的心意又能给他带来无穷乐趣的学科。短短的一个学期里，他的整副脑子都舒展开了，几乎所有的课：德语、拉丁语、希腊语、神学、物理学……都得"优等"，数学更好，得"超等"；在获取文凭的毕业考试中，他的笔试成绩异常出众，以致被破例地免去了口试。毕业证书背面的评语栏上写道："对数学表现出极浓厚的兴趣，而且理解深刻：他用非常好的方法掌握了老师讲授的内容，并能有把握地、灵活地应用它们。"

在当时的德国，哥尼斯堡大学颇有名气，当希尔伯特即将成为这所大学的学生时，他毫不犹豫地报学数学专业，父亲的期望和初衷——学法律被抛去九霄云外了。

哥尼斯堡大学的生活对希尔伯特来说如鱼得水，它的色彩如此浪漫而充满自由，恰恰适应他的性格。在这里，学生想学什么就选修什么课，不点名，平时也不考试（直到为取得学位才考一次）；第二

学期起，还可以到其他大学去听课。就这样，当许多同学利用"自由"气氛去将时间花费在饮酒和斗剑上时，希尔伯特则自由地集中全部精力学完积分学、矩阵论、曲面几何的曲率论……，并争取机会到处聆听名数学教授的精辟创见：集合论、单变量代数函数的算术理论、数论、函数论、数学物理方法，以及当时最时髦的不变量理论……

希尔伯特得遂心愿了，他可自由地选择最适合自己所追求目标的课程攻读。转瞬之间，八个学期的大学生涯结束，此时，羽毛已经初丰了。

博士论文导师

对于有抱负的青年来说，大学毕业后接踵而至的目标便是向博士学位挺进，希尔伯特也不例外。第一步当然要选择论文题目，他深知这一步的重要性，因此，早作酝酿并已成竹在胸，根据前不久自己喜爱的一个课题——"连分数的一种推广"研究进程，如今即将瓜熟蒂落，于是，使携这个选题征求论文导师的意见。

早在公元前 5 世纪，古希腊哲学家安那萨哥拉斯提出"化圆为方"问题起，历经两千多年，人们前赴后继，始终找不到一种解决途径。这个问题要求"画出面积为一已知圆的正方形"，看起来并不复杂，可是如同德里安悲剧产生的"立方倍积"问题一样，困惑了人们（其中包括最优秀的数学家）这么长时间。

1882 年，德国数学家林德曼（1852—1939）一鸣惊人，他证明圆周率的超越性（具有超越性的数：不是某一个具有整系数的代数方程的根），从而说明"化圆为方"问题是无法解决的，至此，追索这个问题解法的千军万马才偃旗息鼓。

希尔伯特有幸在声名显赫的林德曼教授门下拜读，同样地，林德曼也有幸得希尔伯特这样的英才而育之。当下，林德曼接过希尔伯特交来的论文草稿，沉吟了片刻，问道：

"你知道莱布尼茨所推导圆周率表达式的往事吗？他将这成果寄去英国皇家学会之后才获悉三年前已有人夺步在先；还有高斯，他见到鲍耶关于创立非欧几何学说的材料时，说到，这已是他三十年前的工作了。"

希尔伯特一怔！莱布尼茨和高斯是德国人的骄傲，他们的轶闻早在青年学生之间传诵过，可是，老师为什么要提到这些？难道……

"可是，希尔伯特，你着手研究连分数的这种推广时，为什么没有事先给我打一个招呼？"教授不无惋惜地接着说："这个选题不能用。因为雅可比早就给出这种推广！"

希尔伯特对自己的国人先辈雅可比当然是熟悉的，他读过雅可比许多创造性的著作，其中有若干数论、线性代数、变分学、微分方程等方面的重要发现，可是，惭愧得很，连分数的这种推广却遗漏了。

花费大量时间和精力得到的成果本来已是水到渠成，如今却像一丁点泡沫付诸东流了。

几天之后，林德曼教授唤希尔伯特到书房，颇带些安慰性的口吻说：

"数学史上的重复本来不足为奇。当年莱布尼茨与牛顿就曾经同时发明微积分；还有，1653 年，法国人帕斯卡曾经发现'算术三角形'，殊不知，早在帕斯卡之前一百多年，我国数学家阿披亚纳斯（1495—1552）已经知道这个三角形，他在 1527 年出版的一部算术书封面上就绘有这样一幅'三角形'图。"

林德曼教授再没有多说什么。知徒莫如师，青年希尔伯特要走的路长着呢！相信这名优秀学生

会知道该怎样去迈出自己的脚步。

随后,林德曼提议换用代数不变量理论中的问题作为论文题目。这种理论与笛卡儿的解析几何有关,它说明:当一个图形相对于坐标轴的位置改变时,图形本身的形状和大小若不改变,则相应代数形式的某些性质亦保持不变。

希尔伯特理解老师的意图和苦心:选题应恰到好处,有一定难度,又有希望解决。

希尔伯特不负教授的期望,出色地完成论文写作,并于1884年得到人人羡慕的博士学位。

王位动摇了

希尔伯特与通常学者们的晋升台阶一样,从助教到了讲师,他觉得当务之急是充实自己。除了书本、杂志、论文之外,他一有时间,便去走访各地,拜会知名数学家,于是,巴黎、柏林、莱比锡……都有了他的足迹,那些"高山仰止"型的教授如克莱茵、庞加莱(1854—1912)也得以幸会就教了。

作为一名讲师,他所选择的课目既要传授知识给学生,也要起到提高自己水平的作用,因此,他决定不教重复的课,于是,数论、行列式论、流体动力学……都成为他为母校的学生(也是校友)开过的课。

然而,他最感兴趣又常熟习的不变量理论自然就成为优先选择的课目了。在这方面,他总也忘不了不久前克莱茵的再三吩咐:"你一定要去埃尔兰根一趟,找到我的朋友戈尔丹,他是当今公认的'不变量之王'。我想,他会帮助你的。"

1888年初,希尔伯特为自己安排一次旅行,选好的路线能够依次访问二十一位国内最优秀的数学家,其中也包括戈尔丹。他致友人的信中戏把自己称为"熟习不变量理论的封臣",说"不变量之王"将在埃尔兰根接受觐见。

戈尔丹比希尔伯特年长二十五岁,又是不变量理论的专家,在长辈的教诲下,希尔伯特似乎体验到了一种过去从未有过的新的境界。他已经接触过"戈尔丹问题"(人们为了纪念这位不变量理论的先行者,将一个仍未解决的、该理论中最著名的问题命名为戈尔丹问题),如今这个问题则唤起了他那几乎无法思议的完美想象力,他被戈尔丹问题迷住了,无论走到哪儿,怎么也放不下它。

早在与希尔伯特此次相会的二十年前,戈尔丹已经解决了不变量理论中的许多类型问题,他所采用的方法虽然较为繁琐,但随后而来的问鼎者还是沿着他的思路前进。当戈尔丹本人正在为"戈尔丹问题"竭尽心智时,分别不久的希尔伯特却给他寄来解决这个问题的印刷件。

希尔伯特独辟蹊径,采用一种异样手法,简明而利落,使戈尔丹惊讶不置,他不禁高喊:

"这分明是神学,哪能算是数学呀!"

几乎没有人能够看清希尔伯特工作的意义,甚至林德曼教授也说希尔伯特的方法是令人不快的、有害而古怪。

1890年,希尔伯特将完整的研究成果寄由《年鉴》发表,这时人们才如大梦初醒,普遍地认识到并接受了希尔伯特工作所产生的革命性影响。随后,戈尔丹给出了希尔伯特的一个定理的另一种证法,并向他致敬说:"如果不是你建立的那种完全正确的概念和方法,我无论如何也得不到这种证明"。

"不变量之王"的王位动摇了。岂止是"动摇"?当时人们认为戈尔丹王国的城堡已被夷为平地,而且再也无法重建。于是,戈尔丹心悦诚服地将王位退让给年轻的希尔伯特,他愉快而自我解嘲地说:

"我自己一直确信,神学也有它的价值。"

哥廷根以外无生活

当年，高斯作为小小的不伦瑞克市民进哥廷根，就这件事本身而言，那是不值得大惊小怪的。可是，几十年后，风云变幻莫测，就是这个泥瓦匠的儿子，建立了哥廷根数学精神，它符合市政厅底层墙壁上镌刻的箴言："哥廷根以外无生活"。

进哥廷根！这自然也是希尔伯特的愿望。对淡泊名利的这位学者来说，他绝不抱有"入龙门而身价百倍"的想法，但是，哥廷根大学是属于那些叱咤风云的数学家的，有高斯、狄利克雷（1805—1859）、黎曼等大师的身影，仅凭这一点，就足以对它产生无穷的向往之情。

1886年，克莱茵教授应哥廷根大学之聘时，希尔伯特正好在莱比锡大学下榻，特地上街买了一册小笔记本，在扉页上涂就一首即兴诗，其中有"光明降临了，万物欣欣向荣，哥廷根给予我们的犹如唤起青春的回忆。"等诗句。

在哥尼斯堡大学工作十一年的希尔伯特经历了大多数年轻人在这个时期应做的事情：成立家庭、事业上的奋斗以及职位的升迁等等。他成名了，那么，一名具有真才实学的学者还有什么新的追求呢？

就在希尔伯特解决"戈尔丹问题"有了结果时，连林德曼老师都对他的方法感到困惑不置，可是，克莱茵的慧眼却认识到希尔伯特工作的威力，他断定："这非常简单，在逻辑上是不可抗拒的。"他顿时意识到：希尔伯特需要哥廷根，哥廷根也不能缺少希尔伯特。

机会终于到来。1894年秋天，哥廷根大学空出一个教授席位，12月初，克莱茵在强手如林的竞争中使出浑身解数，必欲得希尔伯特不可。同时，致函希尔伯特征求意见，肯定地说，如果争取到教授席位，你可断然不要谢绝。

在克莱茵心目中，希尔伯特的作为可从以下邀请信函的片段看出："我们的科学团体需要你这样的人，这是因为你的研究方向，你丰富而强有力的数学思想，还有你仍然处于富有创造活力的年龄，我指望你将给这里的数学学派增添新的内部实力。甚至，也许你还会产生出使我返老还童的影响。"

1895 年 3 月，希尔伯特来到哥廷根。整整一百年前，德国数学家的光辉典范高斯开始迈进哥廷根大学的校门，接着就用他的智慧和勤奋写出数学发展史新页。对于希尔伯特，这个巧合不无具有激励奋进的作用。

希尔伯特幼年时代听喜爱质数的母亲说过这样的两句名言："上帝创造了自然数，其余的一切才是人做的工作。"心里早已埋下对数论深深的爱。他明白高斯将数论描述成"仓库"的涵义，因为在那里面贮藏着取之不竭的美妙的真理，而他自己则把数论看做是一幢出奇的、美丽而和谐的大厦，无疑地，踏着高斯的足迹前进，走向高斯所想走而又未尽的前程，正是希尔伯特作为后继者所瞄准的目标。

在人才荟萃、设备优越的哥廷根大学，希尔伯特凭借自己天才与勤奋的结合，不惟是数论，而且在代数数域、群论、椭圆函数……许多方面都更加炉火纯青了。

愉快的教学

希尔伯特进哥廷根大学意味着一位新的大数学家的到来，这一点是学生们没有立即看出来的，但是，用不了多久，情况就截然不同了。起初，这个中等个儿、动作敏捷、说话谦逊、蓄着淡红胡须的人，在人们的眼光里，根本不像个教授，然而，当他的满腹经纶逐渐倾吐出来之后，印象取人的评价也随着云消雾散了。

希尔伯特要讲课，要从事研究和写作，对他来说，时间比珠宝都珍贵。但是，他的授课内容却是经常充实的，除了基本理论之外，还得及时给讲义补充一些最新的课目发展状况。这样，固然时间又要多花一些，但有时却能得到意想不到的收效，听起来也增添生趣，容易吸收。

希尔伯特有他自己讲课的艺术和风格，一般讲得比较慢，有时需要反复讲，以保证每个人都能听懂；他习惯于在新课开始前扼要回顾一下上堂课讲过的内容（这种做法类似于预科学校的讲课技巧，素为其他教授所瞧不起）；他从来都是认真地备课，因此，说来简练、自然、逻辑严谨，而对细节内容则不拘一格，因此，在课堂上常常即兴发挥，充满精彩的表演形式。

在课程讨论会上，希尔伯特总是在聚精会神地听，不时纠正错误；平时态度随和，很容易与学生们打成一片，以致于他那哥尼斯堡口音听起来特别亲切。这种无形中建立起来的师生情谊使学生们对他敬而亲之，人人感到选修他的课分明就是享受，始终情绪愉快。

希尔伯特风趣幽默的性格时常掺进课堂的气氛，他设喻生动，深入人心，例如在讲"无限集合论"时，对无穷大的概念，学生们一时难以理解，他便举以下例子说明：

旅馆里通常要把房间编号：1号房，2号房，3号房……现在这家旅

馆已经客满，却来了一位新旅客求宿。

如果这是一家房间数有限的旅馆，那么，经理只好断然谢绝这位新顾客求宿的要求。设想这是一家房间数无限的旅馆，那么，经理可以从容地接纳这位顾客，立即广播通知："请 1 号房的客人移住 2 号房，请 2 号房的客人移住 3 号房，请 3 号房的客人移住 4 号房……以此类推，请各位房客移住到比现在所住房号大一号的房间里去。"这样，就可以安排那位新旅客住进已腾出来的 1 号房了。

现在设想这家旅馆经营的房间数是无限个，已经客满，却来了无限多位新旅客求宿，这时，经理仍可以丝毫不感为难地广播通知："请 1 号房的客人改住 2 号房，请 2 号房的客人改住 4 号房，请 3 号房的客人改住 6 号房……以此类推，请各位房客改住到比现在所住房号大一倍号码的房间里去。"于是，腾出来的房间全是房号为奇数的，这样，无限多位新旅客就可以都被留宿了。

预测未来

1900 年，一个令人眼花缭乱而充满希望的世纪展现在人们的面前，怎样点缀它呢？它将用什么样的神奇色彩表露自己的丰姿绰影，这是数学家们所急于窥探的。然而，这毕竟是未来，只有高瞻远瞩、雄才大略的伟人才能做出正确的判断，以便给同行者指明前进方向。

希尔伯特在数学领域中广闻博识的全才日益被全欧数学界所公认。在哥廷根大学，他所开的课程涉及范围之广，他在数学界的崇高威望，他所研究课题之多，他所解决问题的独创性，以及许多诸如《几何基础》、《数的概念》等论著，这些都是当时数学家望尘莫及的。基于这样的条件，将于 1900 年夏天在巴黎举行的第二次国际数学家代表大会筹备部门提前向他发出邀请信，并希望他在会上做一主要发言。

　　希尔伯特充分意识到这则发言的影响性有多大，他想到新世纪刚刚出现，那只不过是一张白纸，而人们的责任是要在那上面绘出最美和最具吸引力的图画。

　　这些年来，数学各分支都浸入他的脑海，空前的广泛性使他目不暇给，高水平的思路比比皆是，写些论文或作些发言也是信手拈来的事。然而，他要慎重地思考，他看到辉煌的数学史，数不清的先辈们建造成宏伟瑰丽的大厦，多么需要后来人去装饰和点缀呀！一种承前启后、继往开来的责任感油然而生。

　　对展望未来，用一种富有时代气息的数学家风度去迎接新世纪，这才是青春，这才会产生活力。于是，他想到，也许可以讨论一下新世纪数学发展方向，指出一些数学家们应集中力量加以解决的重要问题，那么，这种题材究竟是否可行呢？

　　他周围的朋友一致认为，最有吸引力的题材莫过于展望数学的未来了，这就更加增强他的信心。但是，这是一项规模浩大的工程，要加倍深思熟虑，因此，一直到六月份，讲演稿还没有写出来，这时，会议日程表已经发出，无法列入他的讲演题目。

　　上帝——人们心目中万能的神灵，他创造了世界，在天地万物发展的进程中，充分依靠他为数众多的仆从——先知们，构造了一幅幅美妙的图案。而如今的希尔伯特呢？在数学王国里，自己就要充当一名先知了，在漫长而遥远的未来一百年中，是否能够准确地看到前方的鲜花和荆棘，无误地判断被重重关山阻隔的彼厢景色，这是对他学识、才能的严峻考验。

　　希尔伯特所选择的讲演内容具有相当大的风险，他心里明白，很有可能这是决定数学界未来进展方向的成败之举。但是，预测未来并不是凭空臆造，那是一种从历史的回顾得到的启示，需要智慧，需要勇气，这样，他仿佛看到茫茫大海中的远岸遥灯。

　　到七月中旬，一包讲演稿的清样终于寄出了。题目很简单，就叫

《数学问题》，它将在巴黎大会上露面，同时在哥廷根科学协会上发表。

希尔伯特不是空想家，他始终是务实、求是的。是否能够在那么多名流高士面前取得成功，很难预料，但是，他对自己的工作充满信心，自料不会怯场。

划时代的讲演

1900年8月6日上午，第二次国际数学家代表大会在巴黎开幕了。

希尔伯特的演说安排在开幕式上进行，这是一种殊荣，但是由于他本人的迟疑，只好改在8月8日上午。

希尔伯特登上讲坛了。作为教授，这位38岁的哥廷根学者当然有丰富的讲演经验，不过，这次有别于以往的任何一次，它的重大意义在于数学的未来将在这儿展示，预测准确或疏误都会给数学世界带来巨大的影响。

虽然会议并没有规定讲演者非要应用法文不可，希尔伯特还是准备了一份法文的讲演摘要，分发给与会者。

台下听众见到一副明亮的蓝眼睛，它透过闪亮的眼镜片正在放射出纯真而又坚定的目光；这位老练的讲演者外表看起来平淡无奇，但是人们却强烈地感触到他那刚强的品格和卓越的才智所酿成的气氛。

"我们当中有谁不想揭开未来的帷幕，看一看在今后的世纪里我们这门学科发展的前景和奥秘呢？我们下一代的主要数学思潮将追求什么样的特殊目标？在广阔而丰富的数学思想领域，新世纪将会带来什么样的新方法和新成果？"希尔伯特的这几句开场白立即将听众带到一个激动人心的、豁然开朗的境界中去。

"历史告诉我们，科学的发展具有连续性。"希尔伯特接着说下去："我们知道，每个时代都有它自己的问题，这些问题后来或者得以解决，或者由于无所裨益而被抛到一边并代之以新的问题。"

希尔伯特说："一个伟大时代的结束，不仅促使我们追溯过去，并且把我们的思想引向那未知的未来。"他认为："正如人类的每项事业都追求着确定的目标一样，数学研究也需要自己的问题。正是通过这些问题的解决，研究者锻炼其钢铁般的意志和力量，发现新方法和新观点，达到更为广阔和自由的境界。"

希尔伯特指出，一个重大而富有成效的数学问题应具备这样三个基本特征：

第一，具有清晰性和易懂性。这是因为清楚、易于理解的问题能够吸引人的兴趣，而涵义不清或难于理解的问题使人望而却步。

第二，应具有相当难度，而又不是完全无从下手解决的。这种问题具有诱惑力，且不至于使我们劳而无功。

第三，应是意义深远的。这样，它才能像一盏指路明灯，照亮那通向隐藏着真理的曲折路径。

于是，希尔伯特公布了他认为应在 20 世纪解决的 23 个问题。这些问题是他经过半年多的思考，从前辈人遗留下来的和当代人新提出的纷繁众多的数学问题之中，精心挑选出来的，问题中包括算术公理的相容性、某些数的无理性与超越性、质数问题、计数演算的严格基础等等。希尔伯特确信，通过对这些问题的研究解决，必将大大推动 20 世纪数学的发展。

同时，希尔伯特给与会者一种坚定的信念：数学中没有"不可知"。他满怀希望地预料到"每一个确定的数学问题必定能得到一个准确的回答：或者给所提问题以实际的肯定答案；或者证明问题是不可解的，因此所有企图证明它成立的努力必然失败。"

后人将这 23 个问题称为"希尔伯特问题"。它好像是通往未来的窗口，透过遮纱可以隐约看到数学发展的趋势。事实上，希尔伯特可以说是这个世纪的数学领头人，这 23 个问题一提出，就受到数学界的普遍关注，其中有些问题竟成为许多数学家终生奋斗的目标。直到现在（20 世纪只剩最后七年），尚有 8 个问题仍然未得到彻底解决，也还是人们注意的焦点。

没有黄金

匈牙利人常常为曾经出现过杰出的数学家约翰·鲍耶而感到无比自豪。这位知名的数学家是非欧几何的创始人之一，对几何学的发展做过重大贡献。

约翰·鲍耶的父亲发克斯·鲍耶是高斯的同学和终生密友，对数学研究也有卓著成果。

1905 年，匈牙利科学院为了纪念鲍耶父子的功绩，决定颁发一种奖金，数额是一万金克朗，奖名就叫"鲍耶奖"。这种奖从 1905 年开始，每五年评选一次，将授予那样一位数学家，他在过去 25 年中所取得的成就为数学的进步做出了最巨大的贡献。

评选委员会成员由匈牙利科学院指定，第一次评选委员共四名，其中包括克莱茵。在评选委员会投入工作之前，人们就预料到奖金得主呼声最高的必是庞加莱（法国人）和希尔伯特二人，也只有他们二人才能够受而无愧地得奖。果然不出所料，全欧洲各国数学界推荐的名单中也仅仅有这两位。

庞加莱从 1879 年起就在克恩大学和巴黎大学任教，而当时希尔伯特还只是预科学校的一名学生。庞加莱的研究涉及数学、物理学和力学的许多领域，在数学方面，他首创微分方程的定性理论和组合拓扑学，研究了微分方程的周期解和渐近解，证明了某些级数的渐近性质，创立了自守函数的理论，对积分曲线族的奇异点进行了分类……

在庞加莱与希尔伯特二人之中择一，四位委员一致投了庞加莱的票。

但是，委员会表示了对希尔伯特最崇高的敬意，委员们一致议定，在那份提交给科学院的、说明他们所作选择的报告中，将用与评述庞加莱的工作相同的份量阐明希尔伯特的贡献。

克莱茵深感惋惜地向希尔伯特通报："没有黄金，但有荣誉"，他认为，奖金之所以落入庞加莱之手，起决定作用的因素是这个法国人已经走遍"数学科学的整个活动范围"。同时，他预言："希尔伯特迟早会像庞加莱一样走遍一个广阔的领域！"

事实上，目前希尔伯特正在"走"，但是，不是为名，也不是为利，荣誉和黄金与科学家的时代责任感相比较，前者是太微不足道的。

1910年秋，第二次鲍耶奖的评奖工作开始了。这次庞加莱是评选委员会秘书，他为希尔伯特的工作准备了一份全面而生动的报告，强调了希尔伯特的工作特点，诸如：探索范围之广阔、研究问题之重要，方法简洁、优美，叙述清晰明了，绝对严密，著作明快、易读等等。庞加莱所准备的报告中还特别提到希尔伯特为培育人才所做的努力和取得的效果。

接着，庞加莱的报告详细列举希尔伯特的成就，同时阐述这些成就的深远意义，于是，报告中出现了许多具体数学内容，诸如：关于戈尔丹问题的证明、关于自然对数的底以及圆周率超越性的新证明、关于代数数域的工作、关于积分方程论方面的工作等等。

评选委员会审查和核对了庞加莱所拟的报告，认为"由于思想的深刻性、方法的创造性以及证明的严密逻辑性，大卫·希尔伯特对数学的发展业已做出了巨大贡献。"一致通过将第二次鲍耶奖授予希尔伯特的决定。

希尔伯特的确走遍一个广阔的领域，五年前克莱茵的预言终于成为现实了。

无所畏惧的人

1914 年 8 月，卷入第一次世界大战的国家已有十几个，野心勃勃的德皇威廉二世为了掩盖他的军国主义路线，起草了一个"告世界文明"的宣言，列举了"敌人的谎言和诽谤"，并逐条加以反驳。然后，他让最著名的科学家和艺术家在其上签名，表示拥护。在爱国的外衣下，许多人或是受蒙蔽，或是慑于皇威，都俯首帖耳地签了名，其中也有克莱茵。

当时，只有两位科学家拒绝签名，一是爱因斯坦，另一位便是希尔伯特。希尔伯特从头到尾推敲宣言的每个句子，不时喃喃自语："这不对吧……"最后，他表示：由于不能判断宣言上所说的话是否都是事实，因此不予签名。

希尔伯特忍辱负重。他被斥责为卖国贼，当十一月份开学时，许多血气方刚的学生不再听他的课了。

不久，威廉二世的伎俩被戳穿，人们才如梦初醒。克莱茵也后悔自己当初为什么不把那份宣言的内容认真揣摩，可是，这一切已成事实，虽然他是一位深受敬重的前辈，巴黎科学院还是将他从院士行列中开除出去。同时，希尔伯特正气凛然的无私无畏精神却博得广泛的赞誉，巴黎科学院以有希尔伯特这样的院士而引以为荣。

希尔伯特坚持正义的高尚品德使他成为科学家的楷模。只要是真理，他就要勇往直前，义无反顾。他正直和诚实的风格和表现是一贯的，从不考虑个人得失，因此他无所畏惧。

当时，德国妇女在学术研究方面备受歧视，希尔伯特不顾外界抨击，坚决反对男尊女卑的做法，力主选贤任能。在争取优秀女数学家爱米·诺德（1882—1935）一事中，他表现出非凡的果敢精神，在数学史上留下不灭的一页。

诺德的父亲是"不变量之王"戈尔丹的朋友，她得戈尔丹的悉心指导，成长为一名学识丰富的数学博士。1915年，她的父亲退休，母亲病故，弟弟又应征入伍，在这样困难的家庭条件下，她不得不只身前往哥廷根谋求职业。

希尔伯特和克莱恩立即看出这位青年博士是女中奇才，所以两人都决定要让她留在哥廷根。但是要为诺德争取讲师的资格却不是一件容易的事，尽管人人都承认她有较高的学术水平，但保守势力仍占上风，他们说："一个女人怎么能做讲师呢？如果让她当讲师，以后就会成为教授，成为评议会成员，难道能允许一名女人进入大学评议会吗？"

希尔伯特力排众议，他愤怒地质问："难道评议会是澡堂吗？"

于是，他断然不顾千夫所指，决定以希尔伯特教授的名义开一些课，但让诺德女士主讲。

在希尔伯特的培养下，战后哥廷根最富有成果的研究圈子之一，是以诺德为中心开展活动的，1919年，她终于获得了讲师职位。1922年，她成为一位"非正式的特别教授"，这是承认她具备教授水平，也做教授工作，但没有教授职位和待遇。

事实上，她在微分不变式、抽象代数等方面已成为领头人，而且被公认她在哥廷根后起之秀中，将是对于未来数学的发展影响最大的一位时，仍然不能成为哥廷根科学会的成员。希尔伯特有感于此，在一次会议上激动地说："这些年来，我们到底选进科学会几个有真才实学的人呢？等于零，等于零呀！"

希尔伯特的慧眼如炬，在他的关怀下，诺德终于成为第一流数学家。1935年，诺德在一次手术中离开人间，当时，爱因斯坦致《纽约时报》的信中说道："根据现代权威数学家们的判断，诺德女士是迄今为止女性中最重要的富于创造性的数学天才……"

但是，人们不禁要问：如果没有希尔伯特不顾一切地保举，这将是什么样的"天才"呢？

认识自然和生命

第一次世界大战终于结束了。由于德国在这次大战中充当的角色，战后，德国数学家一直没有收到任何会议的邀请，但是，1928 年意大利数学家决心面对现实而邀请德国学校和数学组织参加在波伦亚举行的国际会议时，一些持有民族观点的德国数学家却站出来反对。

在科学进步的关键时刻，希尔伯特大声疾呼："数学不分种族……对于数学来说，整个文明世界就是一个国家。"

于是，他毅然率领一个由 67 名数学家组成的代表团赴波伦亚出席会议。在开幕式上，66 岁的希尔伯特风采不减当年，他用铿锵有力的语调表述他的一贯观点："作为数学家，我们是站立在精确科学研究的高山之巅，除了义不容辞地担当起繁荣数学——我们无比热爱的这门学科的崇高职责之外，我们别无其他选择。"整个会场都沸腾了，欢呼声掩盖全欧洲以致整个世界，这种热烈的情绪绝不仅仅是对一位德高望重的长者致意，而此刻人们看到的是一尊作为中流砥柱的巨大"神"像（当年戈尔丹就是用神学表示对希尔伯特数学的钦佩）。同时，人们也看到数学的未来前景，正是这样一种充满必胜信念的精神，必将引导数学继往开来。

1930 年 1 月 23 日，希尔伯特满 68 岁，达到规定的退休年龄。在告别讲坛的最后几节洋溢着纪念意义的课堂上，他又一次讲授了不变量。哥廷根大学的教授和学生都理解这位老人的心情：正是这个使他成名的课程，带动他走进繁花似锦的数学园地；如今，他的一系列成果已化作缕缕青烟，纷扬飘散异香于世界的各个角落，他播下的种子也已经到处开花结果了。

哥尼斯堡，亲爱的故乡！你的儿女虽然远离膝下，但他们毕竟是要叶落归根的。希尔伯特退休的这一年，荣誉像雪片飞来，但最使他惬意的一件则是来自故乡：哥尼斯堡市政委员会决定授予他"荣誉市民"的称号。

这年秋天，他返回阔别已久的故乡，在接受荣誉市民称号的集会上，他在坚定有力的演说中向乡亲们表露了自己驰骋科学天地一生的基本信念：

"认识自然和生命是我们最崇高的任务。"

古时候，亚历山大王子曾经抱怨说："父王将会征服一切，再没有什么会留给我们去攻克。"但是，希尔伯特深知，他的同行们无需存有亚历山大的担忧，因为数学这个世界是无穷无尽的。

正因为如此，退休并没有使他停止求索奋进的脚步。

1943 年 2 月 14 日，81 岁高龄的希尔伯特——数学王国中的功勋名将与世长辞了。

20 世纪即将过去了，他的后继者们从来都以站在数学峰巅的这位巨人马首是瞻，人们经常会从那些高深的数学专著中看到他显赫的名字：希尔伯特曲线、希尔伯特不变积分、希尔伯特空间、希尔伯特方体、希尔伯特变换、希尔伯特不等式、希尔伯特类域、希尔伯特子群……以及各种希尔伯特定理、希尔伯特公式、希尔伯特方程等等。

人们在他身后这样评价他："世界难得有一位数学家的工作不是以某种途径导源于希尔伯特的工作的。"

希尔伯特是执拗的，但他勇敢、乐观、自信，人们将他在一次演说中的结束语镌刻在他的墓碑上，这就是：

"我们必须知道。我们必将知道。"